मोदी है तो मुमकिन है

आत्मनिर्भर भारत का संकल्प

राकेश गुप्ता
chairman@sadhna.com

डायमंड बुक्स
www.diamondbook.in

प्रकाशक : **डायमंड पॉकेट बुक्स (प्रा.) लि.**
X-30, ओखला इंडस्ट्रियल एरिया, फेज-II
नई दिल्ली-110020
फोन : 011-40712200
ई-मेल : sales@dpb.in
वेबसाइट : www.diamondbook.in
संस्करण : 2020

MODI HAI TO MUMKIN HAI
By : Rakesh Gupta

भूमिका

आर.एस.एस. और भाजपा का एक कार्यकर्ता नरेंद्र दामोदर दास मोदी गुजरात का मुख्यमंत्री बना। हमारे लिए यह खबर आई और चली गई। 2001 में आए भूकंप से गुजरात अभी संभल ही रहा था कि वह दंगे की आग में झुलस गया। और इस दंगे की वजह से चर्चा में आए नरेंद्र मोदी और अमित शाह, जो क्रमशः आज देश के माननीय प्रधानमंत्री और गृहमंत्री हैं। आजादी के बाद ऐसा कर्मठ प्रधानमंत्री और जनप्रिय नेता देश पहली बार देख रहा है। केंद्र की तात्कालिक काँग्रेस सरकार ने तब इन दोनों को ही इस दंगे का मास्टर माइंड साबित करने के लिए कठघरे तक पहुँचाया। अमित शाह तो जेल तक गए। तब की मीडिया भी गोधरा से अधिक गुजरात के दंगों के लिए मोदी को ही दोषी ठहरा रही थी। मीडिया और देश के एक बड़े बुद्धिजीवी वर्ग ने मोदी की कार्यशैली को फासिज्म और फांसीवाद से जोड़ा। गुजरात दंगे में उनके कार्य संचालन की जमकर आलोचना हुई। उनके शासन को हिंदुत्व से जोड़ा गया। बावजूद इसके वे 2001 से 2014 तक गुजरात के मुख्यमंत्री बने रहे और गुजरात को विकसित राज्य के रूप में खड़ा किया, जो आज एक राज्य-मॉडल के रूप में उदाहरणीय है। 2014 में मोदी के प्रधानमंत्री बनते ही मीडिया का फासिज्म और फासीवाद अब मोदीज्म और मोदीवाद में बदल दिया।

आज मोदीवाद राष्ट्रवाद से जुड़ गया है। जिसका डंका देश ही नहीं, विदेश में बज रहा है। उनके राष्ट्रवाद का सीधा मतलब देश के विकास और उसकी बेहतरी के लिए है, जो उनकी कार्यशैली और भाषणों में झलकती है। लाल किला के प्राचीर से अपने पहले संबोधन में जिसने शौचालय और स्वच्छता की बात की। पहली सीढ़ी को नमन कर जिसने संसद में प्रवेश

किया वह कोई साधारण व्यक्तित्व नहीं हो सकता। उसे कर्मयोगी ही कहा जा सकता है।

7 सितंबर, 1950 को गुजराज के वड़नगर में जन्मे मोदी के माता-पिता हीराबेन मोदी और दोमादर दास मूलचंद मोदी मध्यम वर्गीय परिवार के थे। मोदी ने बचपन में चाय बेचने में अपने पिता की मदद की और बाद में अपना खुद का स्टॉल लगाया। स्कूल और कॉलेज की पढ़ाई के दौरान वे आर.एस.एस. और अखिल भारतीय विद्यार्थी परिषद् से जुड़े। 17 वर्ष की अवस्था में जसोदाबेन से उनकी शादी हुई, लेकिन कुछ वर्ष साथ रहने के बाद दोनों अलग हो गए।

नरेंद्र मोदी ने अब पूरी तरह अपने को देश के लिए समर्पित कर दिया। दो साल तक उन्होंने लगातार भारतवर्ष की यात्रा की और देश की सभ्यता को नजदीक से जाना। अपने जीवन के प्रत्येक क्षण को उन्होंने 'इंडिया फर्स्ट' के भाव के साथ जिया।

बतौर मुख्यमंत्री उनकी नीतियों को आर्थिक विकास से जोड़कर देखा जाने लगा और इसी आधार पर भाजपा ने मोदी के नेतृत्व में 2014 का लोकसभा चुनाव लड़ा और पार्टी ने भारी बहुमत से जीत हासिल की। गुजरात के बाद अब देश में विकास की धारा बह निकली। इधर विपक्ष उनकी आलोचना में डूबा था और उधर सबसे बड़े लोकतांत्रिक देश के प्रधानमंत्री अपनी चुनावी घोषणा को पूरा करने में जुट गए। देश के लिए जो सपना उन्होंने देखा था, उसे पूरा करने में लग गए। उनका सपना उनके नियंत्रण में था, ताकि वे उसे पा सकें। बापू को श्रद्धांजलि देते वक्त उन्होंने देशवासियों से कहा कि 2 अक्टूबर, 2019 तक हमें देश के हर घर में शौचालय बनवाना है। इसके लिए उन्होंने अपना पूरा तंत्र लगा दिया। पहले सत्याग्रह अब स्वच्छाग्रह। यह पुस्तक राष्ट्र को एक संदेश देती है कि हम जो कल थे उसे आज में कैसे बदला जा सकता है? कैसे देश के उन तमाम लोगों तक विकास के साधनों को पहुँचाया जा सकता है, जो कल तक इससे वंचित थे? अपनी विदेश-नीति से कैसे पूरे विश्व में छाया जा सकता है? राष्ट्र के सर्वांगीण विकास के लिए किस तरह का एजेंडा बनाया जाए? उनके मन-मस्तिष्क में बस यही ख्याल चलता रहता है। भारत की युवा शक्ति का कैसे सदुपयोग किया जा रहा है, यह पुस्तक आपको यह भी बताती है।

भ्रष्टाचार-मुक्त भारत के लिए मोदी ने जो सबसे बड़ा फैसला लिया, उसकी कल्पना भी किसी ने नहीं की होगी। नोटबंदी से देश में दबा कालाधन बाहर आ गया। काले धन पर एक विशेष जाँच दल (एस.आई.टी.) का गठन किया। तब से अब तक कालेधन के खिलाफ कार्यवाही की जा रही है। बेनामी संपत्ति पर नकेल कसी जा रही है। मोदी ने गरीबी को नजदीक से देखा है। उसे महसूस किया है। इसके लिए उन्होंने जनधन, उज्ज्वला-जैसी कई योजनाएँ लागू कीं। आज दूर-दराज के गाँव को भी सड़क, बिजली, पानी-जैसी मूलभूत सुविधाओं का लाभ मिल रहा है। मोदी का मानना है कि 'विकास गतिमान होता है, वह चलता रहता है, वह रुकता नहीं है।'

अल्पसंख्यकों के लिए सरकार की योजनाएँ कैसी हैं और कैसे आज वे इसका लाभ उठा रहे हैं? देश का अल्पसंख्यक समुदाय जिसके अंदर मोदी और भाजपा के नाम का खौफ भरा जाता रहा था, आज वह भी समझने लगा है कि मोदी-सरकार ही उनके हित में काम कर सकती है। देश में सबसे पहले इस दृष्टि से सोचने वाले इस व्यक्ति ने कभी वोट की राजनीति नहीं की। ये हमेशा सबका साथ; सबका विकास की बात करते हैं। कानून बनाकर तीन तलाक जैसी कुरीतियों का खात्मा मोदी ही कर सकते हैं। देश के युवाओं की रचनात्मकता, सृजनशीलता और कुछ कर दिखाने के जज्बे पर नरेंद्र मोदी का अटूट विश्वास है, मुद्रा योजना उनके इसी दृढ़ विश्वास का परिणाम है। युवाओं को प्रधानमंत्री की योजनाओं का आज सीधे लाभ मिल रहा है। देश के युवाओं को उनका संदेश स्पष्ट है—अगर आप अपने सपनों को उड़ान देना चाहते हैं तो सरकार आपको उड़ने के लिए पंख प्रदान करेगी।

मोदी के संवाद करने की जो शैली है वह लोगों को मंत्रमुग्ध कर देती है। रेडियो के माध्यम से चाहे वे 'मन की बात' कर रहे हों, चुनावी-भाषण हो, संसद में बोल रहे हों या विदेश में प्रवासी भारतीयों से बात कर रहे हों, लोग बस उन्हें सुनते रहते हैं, देखते रहते हैं। विज्ञान और प्रौद्योगिकी के क्षेत्र में भारत जो चमत्कार कर रहा है, वह मोदी-सरकार की नीतियों से ही साकार हो रहा है। इसरो ने पी.एस.एल.वी के जरिए एक साथ 104 सैटेलाइट सफलतापूर्वक लॉन्च करके दुनिया के सभी देशों को चौंका दिया। चंद्रयान-2 और नए-नए वैज्ञानिक अविष्कारों में गति आई है। आज इसरो

पूरी तरह स्वयं पर निर्भर है। चन्द्रयान-2 अभियान को देखते हुए आज नासा भी हमारे साथ मिलकर काम करना चाहने लगा है।

मोदी को अगर संवाद पुरुष कहा जाए तो कोई दो राय नहीं है। उनके कहने का अंदाज इतना स्पष्ट होता है कि बात सीधे लोगों के दिल में उतर जाती है। 'मन की बात' कार्यक्रम के माध्यम से उन्होंने कई लोगों को अपने साथ जोड़ा है, देश से जोड़ा है। विदेश के प्रधानमंत्री और राष्ट्रपति प्रोटोकॉल तोड़कर जिस जोश के साथ मोदी से मिलते हैं उसे देखकर हमें अपने प्रधानमंत्री पर गर्व होता है। विगत दिनों प्रधानमंत्री मोदी की विदेशी यात्रा की भी हमारे देश में जमकर आलोचना हुई। कहा जाने लगा कि मोदी भारत में कम, विदेश में अधिक रहते हैं, लेकिन आज उन दौरों का प्रभाव स्पष्ट दिखने लगा है। विदेशी कंपनियां भारत में निवेश करने लगीं। अपनी कूटनीतिक प्रयासों से उन्होंने आतंकवादी देश पाकिस्तान को दुनिया के सभ्य विचारों से अलग-थलग कर दिया।

मोदी के कथ्य और तथ्य में फर्क नहीं होता है। वे जो कहते हैं वही करते हैं। पुलवामा में आतंकी घटना के बाद उन्होंने गरजते हुए कहा था कि इसका बदला हम लेकर रहेंगे और पाकिस्तान के बालाकोट पर एयर स्ट्राइक करके भारतीय सेना ने वहाँ के आतंकी ठिकाने को नेस्त-नाबूत कर दिया। पाकिस्तान की हर कार्यवाही का अब मुकम्मल जवाब दिया जा रहा है। यह पुस्तक मोदी के उस मन को भी दर्शाती है, जिसमें देश के दुश्मनों से हर हाल में निपटने का जज्बा भी है और देश के बच्चों के लिए कुछ भी कर गुजरने की संवेदना भी। किसी पीड़िता बच्ची को एंबुलेंस से हॉस्पीटल लाने के लिए ट्रैफिक रोकने की बात हो या किसी को स्कूल में दाखिला लेना हो, पी.एम.ओ. तक इस तरह की जो बातें पहुँचती हैं मोदी उस पर तुरंत संज्ञान लेते हैं। देश की आधी आबादी के लिए मोदी-सरकार में कौन-कौन सी योजनाएँ चल रही हैं। मोदी की योजनाओं और उनके अभियानों से देश को कितना लाभ हुआ है? कैसे आज देश खुले में शौच से मुक्त हो रहा है? किस तरह हर घर में बिजली, पानी पहुँच चुका है? पुस्तक के माध्यम से आप यह जान सकते हैं।

सत्तर साल से कश्मीर में नासूर बना धारा 370 को हटाने का साहस अगर कोई कर सकता है तो वे मोदी ही हो सकते हैं। इस धारा से जिन राजनेताओं

की दुकानें चल रही थीं वे अब बंद हो गई हैं। कश्मीर के हालात सुधरने लगे हैं। इसलिए आप यकीन मानों कि कोई यूं ही नहीं कहता कि 'मोदी है तो मुमकिन है'। जो काम पिछले 70 सालों में नहीं हुआ वो काम मोदी सरकार ने कर दिखाया, जिसमें राम मन्दिर, जनसंख्या निरन्त्रण, पर्यावरण, जल नीति और अब नागरिक संशोधन बिल लाकर एतिहासिक कार्य किया है। देश की इस युवा पीढ़ी पर प्रधानमंत्री नरेंद्र मोदी ऐसी छाप छोड़ रहे हैं कि आने वाले दिनों में प्रधानमंत्री का मतलब ही मोदी हो जाएगा, भले ही इनके पहले रहा हो कोई और इनके बाद कोई और आए। यह भी बताते चलें कि यह पुस्तक जब तक आप सुधी पाठकों तक पहुँचेगी, मोदी और उनकी सरकार न जाने और कितने मील के कई पत्थर स्थापित कर चुकी होगी।

राकेश गुप्ता
chairman@sadhanapath.com

प्रकाशकीय

'मोदी है तो मुमकिन है', यह बात केवल चुनावी परिणामों पर ही लागू नहीं होती, ऐसा बहुत कुछ है जो नरेंद्र मोदी ने मुमकिन कर दिखाया है। अंतरराष्ट्रीय मंच पर भारत को आज जिस नजरिये से देखा जाता है, उसकी एक बहुत बड़ी वजह मोदी हैं। पाकिस्तान जिस तरह से खुद को ठगा हुआ महसूस कर रहा है, उसकी एक बहुत बड़ी वजह मोदी हैं। हठी चीन के अपनी हठधर्मिता छोड़ने के पीछे एक बड़ी वजह मोदी हैं। इसीलिए 'मोदी है तो मुमकिन है' केवल पार्टी विशेष का नारा नहीं बल्कि अवाम की आवाज बन गया है।

पिछली सरकार यानी यूपीए काल में हिंदी और अंग्रेजी में से कौन आगे था, सभी जानते हैं। सरकार के अधिकांश सदस्य तक अंग्रेजी में संवाद करते थे, लेकिन अब स्थिति पूरी तरह से बदल गई है। मोदी खुद हिंदी में बोलते हैं। जनता को अपने साथ जोड़ते हैं। दूसरों को प्रोत्साहित करते हैं और 'हिंदी में हर कार्य संभव' को सरकारी दफ्तरों में टंगे बोर्ड से बाहर निकालकर अमल में लाते हैं। मोदी के होने से यह मुमकिन हुआ है कि सात समुन्दर पार रहने वाले भी हिंदी से प्रेम करने लगे हैं। हिंदी में कामकाज बढ़ा है, काम बढ़ा है तो रोजगार बढ़ा है। कम से कम हिंदी से जुड़े पत्रकारों या लेखकों के पास तो विकल्प बढ़े ही हैं।

इस बार मोदी जी ने गृहमंत्री श्री अमित शाह को आगे रखकर, धारा 370, राम मंदिर और नागरिकता संशोधन बिल और शीघ्र ही जनसंख्या नियंत्रण और भाजपा के मुद्दों को हकीकत में बदला है। यह मोदी-शाह का ही कमाल है कि वे हर वादे को पूरा करते हैं। हर घर में नल और नल में पानी एक बड़ी चुनौती है। 2024 से पहले इसमें भी सफल होंगे।

राकेश जी ने यह पुस्तक लिखकर मोदी जी की उन योजनाओं को प्रकाश में लाया है जिसके माध्यम से कहा जा सकता है कि मोदी है तो मुमकिन है।

नरेन्द्र कुमार वर्मा
nk@dpb.in

विषय सूची

1. मोदी के मायने

आज हमारे देश के प्रधानमंत्री नरेन्द्र मोदी के चेहरे पर यह जो तेज झलक रहा है, उनके श्रम का सौन्दर्यशास्त्र है। यह उनके आंतरिक ऊर्जा का परिणाम है। और 68 साल का यह युवा प्रधानमंत्री अपने श्रम से इस देश को सींच रहा है। अनुशासन, कर्मठता, ईमानदारी, दृढ़निश्चय, जज़्बा, जुनून जैसे शब्द देश के अंदर जब अपना अर्थ खो रहे थे, उन्हें मोदी ने प्रभाव में ला दिया। मोदी ने अपने लिए स्वयं सांचे बनाए तथा मानदंड गढ़े और निरंतर उनका अनुसरण करते रहे। उनके सामने कोई चुनौती नहीं है। अपनी चुनौतियाँ वे स्वयं निर्मित करते हैं और अपने लक्ष्य को स्वयं निर्धारित करते हैं। मोदी ने खुद को गढ़ा है, लेकिन इस बात से भी इनकार नहीं किया जा सकता कि मोदी को आर.एस.एस., विद्यार्थी परिषद् और भाजपा जैसी संस्थाओं का मार्गदर्शन मिला। एक ऐसा व्यक्ति, जो चौबीसों घंटे बिना किसी स्वार्थ के राष्ट्र के कल्याण में लगा है। किसी काम को करने की प्रतिबद्धता नरेन्द्र मोदी की सबसे बड़ी खूबी है। उनकी यह प्रतिबद्धता भ्रष्टाचार और आतंकवाद के खिलाफ लड़ाई में देखी जा सकती है। और जब से वे प्रधानमंत्री हैं, कहीं कोई आतंकी घटना नहीं हुई। कोई भ्रष्टाचार नहीं हुआ। यह कहने में कोई अतिशयोक्ति नहीं होगी कि उनके विगत वर्षों के कार्यकाल में उनके एक भी मंत्रालय और मंत्री के ऊपर कोई घोटाले का दाग नहीं है।

आज देश को एक कुशल नेतृत्व मिला है। नरेन्द्र मोदी आज सफलता के पर्याय बन चुके हैं। मोदी के ही शब्दों में, 'एक बार जब हम तय कर लेते हैं कि हमें कुछ करना है तो हम मीलों आगे जा सकते हैं।' मोदी ने तो बचपन में ही तय कर लिया था कि वे देश की ही सेवा में अपनी जिंदगी बिताएँगे। हाँ, यह नहीं सोचा होगा कि एक मुख्यमंत्री और प्रधानमंत्री के

रूप में। लेकिन उनके इरादे और काम करने की शैली से पहले गुजरात की जनता ने राज्य के लिए और आज देश की जनता ने उन्हें यह दायित्व दे दिया है कि वे देश के लिए काम करें।

सन् 1984 में राष्ट्रीय स्वयंसेवक संघ से जुड़ने के बाद उन्हें निःस्वार्थ, सामाजिक दायित्वबोध, समर्पण और देशभक्ति के विचारों को आत्मसात् करने का मौका मिला। संघ-कार्य के दौरान मोदी ने कई महत्त्वपूर्ण भूमिकाएं निभाई, चाहे वह भ्रष्टाचार के खिलाफ चलाया गया आंदोलन हो या फिर अत्यंत प्रताड़ित करनेवाला आपातकाल। सन् 1987 में भाजपा से जुड़ने के बाद उन्होंने राजनीति की मुख्यधारा में कदम रखा। सिर्फ एक साल के अंदर ही उन्हें गुजरात-इकाई के प्रदेश महामंत्री के रूप में नियुक्त कर दिया गया। पार्टी को उनमें कुशल नेतृत्व की क्षमता दिखने लगी। उन्होंने पार्टी को संगठित कर उसमें नई ऊर्जा का संचार करने का चुनौतीपूर्ण कार्य किया। सन् 2001 में तत्कालीन मुख्यमंत्री केशुभाई पटेल की जगह नरेन्द्र मोदी को प्रदेश का मुख्यमंत्री बना दिया गया। फिर क्या था, मोदी ने अपनी योजनाओं को जमीन पर उतारा। जल की बर्बादी रोकने के लिए 'सुजलाम् सुफलाम्' योजना। भ्रूण-हत्या और लिंगानुपात पर अंकुश लगाने के लिए 'बेटी बचाओ'। हर गाँव में बिजली पहुँचे इसके लिए 'ज्योतिग्राम' योजना। और इन योजनाओं का ही परिणाम है कि वे तीन प्रदेश के मुख्यमंत्री रहे। और तो और, सन् 2005 में राजीव गाँधी फांउडेशन द्वारा कराए गए सर्वे में गुजरात राज्य को सर्वश्रेष्ठ राज्य का दर्जा दिया गया। इन कार्यों के साथ-साथ वे राष्ट्रवाद का मुद्दा भी उठाते रहे। एक कार्यकर्ता के रूप में कश्मीर के लाल चौक पर मुरली मनोहर जोशी के साथ कोई खड़ा था तो वह नरेन्द्र भाई मोदी ही थे।

अपने गुजरात मॉडल यानी विकास के मुद्दों के बल पर अब उनकी पहचान राष्ट्रीय स्तर की हो गई। भाजपा और संघ को भी लगने लगा कि मोदी के नेतृत्व में 2014 का चुनाव लड़ा जाए। गोवा के भाजपा कार्यसमिति ने मोदी को लोकसभा चुनाव के अभियान की कमान सौंपी। मोदी ने हरियाणा के रेवाड़ी में अपनी पहली रैली में ही दिखा दिया कि वे कितने दमदार और ओजस्वी नेता हैं। रैली में मोदी-मोदी का जो नारा लगा, वह अब पूरे विश्व में सुना जा सकता है। सर्वे-द्वारा तब की न्यूज एजेंसी और पत्रिकाओं ने बताया कि मोदी प्रधानमंत्री पद के लिए जनता की पहली पसंद हैं। इधर देश की

सबसे बड़ी पार्टी काँग्रेस भ्रष्टाचार में घिरती जा रही थी और उनके सहयोगी दल उन्हें डुबाने का कार्य कर रहे थे। मोदी ने इसका जमकर फायदा उठाया। अपने भाषणों में उन्होंने भ्रष्टाचार और आतंकवाद-जैसे मुद्दों को प्रमुखता से उठाया। उस वक्त के अपने चुनावी घोषणा पत्र में भाजपा ने कश्मीर में लागू धारा 370 और 35ए को भी हटाने की बात कही थी। देश का जनाधार अब मोदी के साथ खड़ा था। केंद्र में भाजपा की सरकार बनी और 20 मई, 2014 को मोदी ने प्रधानमंत्री के रूप में शपथ ली। मोदी वड़ोदरा और वाराणसी दो जगहों से जीत कर आए थे, इनमें उन्होंने वाराणसी को चुना। देश के इतिहास में यह पहली बार हुआ कि एक वर्तमान मुख्यमंत्री प्रधानमंत्री बना हो। कारण साफ था, गुजरात के बाहर मोदी की कार्यशैली, निर्णय लेने की क्षमता, कुछ नया करने की इच्छाशक्ति और भविष्य को ध्यान में रखकर तकनीक का प्रयोग जैसी बातें लोगों के दिलोदिमाग पर एक ऐसी छाप छोड़ी कि उनका नारा बना, 'अबकी बार, मोदी सरकार'। लोगों ने यह नारे नहीं लगाए, अबकी बार बीजेपी सरकार।

पहले लोग गुजरात के बाहर मुख्यमंत्री के रूप में नरेंद्र मोदी के जानते थे। अब लोग एक प्रधानमंत्री के रूप में नरेंद्र मोदी को जानने और समझने लगे हैं। पिछले पाँच सालों में मोदी के प्रति लोगों का लगाव कुछ ऐसा बढ़ा है कि उनकी लोकप्रियता का ग्राफ नीचे आने का नाम ही नहीं ले रहा है। विपक्ष इसी बात से परेशान है। बीते पाँच सालों में मोदी के कुछ ऐसे काम रहे, जिसको तमाम लोगों ने हृदय से पसंद किया।

नरेंद्र मोदी का स्वच्छता-अभियान

शायद ही इससे पहले किसी प्रधानमंत्री का स्वच्छता के प्रति इतना झुकाव देश ने देखा होगा। स्वच्छता को एक अभियान बनाना। खुद झाड़ू लेकर मैदान में उतरना और लाखों लोगों को इसके लिए प्रेरित करना। आसान काम नहीं था, लेकिन मोदी ने बखूबी कर दिया। परिणाम कितना मिला इस बारे में ज्यादा नहीं कहा जा सकता, लेकिन देश में लोग इस बारे में प्राथमिकता से विचार करने लगे। घरों, स्कूलों, सार्वजनिक स्थलों शौचालय में बनने लगे। यह मोदी के काम करने का ही असर था कि गाँव की महिलाएँ, जिनके बार-बार कहने के बाद भी घर में शौचालय नहीं बन रहे थे, तंग आकर अपने

गहने गिरवी रखकर, पशु बेचकर अपने घर शौचालय बनवाया। छत्तीसगढ़ के कोटाभर्री गाँव की 104 वर्षीया कुंवरबाई ने अपनी बकरियाँ बेचकर शौचालय बनवाया। मोदी को जब इस बात की खबर मिली तो उन्होंने डुंगलगढ़ के एक चुनावी आयोजन में कुंवरबाई को सम्मानित कर उनके पैर छुए। स्वच्छता अब दिखने लगी है। मोदी ने जिस तरह स्वच्छता के मुद्दे को उठाया है, उसकी सराहना अंतरराष्ट्रीय स्तर पर भी हुई। संयुक्त राष्ट्र ने इसे विश्व में स्वच्छता का सबसे बड़ा अभियान माना है।

समय और अनुशासन का पालन करना

नरेंद्र मोदी काफी मेहनती हैं। कहा जाता है कि दिन में 18 घंटे वह काम करते हैं। समय की पाबंदी पसंद करते हैं। जब से सत्ता में आए सरकारी कर्मचारियों के साथ अपने सांसदों तक को निर्देश दे चुके हैं कि वे समय का महत्त्व समझें और काम को समय रहते पूरा करें। कई मंत्रालयों में जहाँ कर्मचारी 11 बजे के बाद दिखाई देते थे और 3 बजते-बजते तक कुर्सियाँ खाली होनी शुरू हो जातीं, वहाँ की परिस्थिति बिल्कुल बदल गई है। मोदी ने आदेश देकर लगभग सभी केंद्रीय सरकारी कार्यालयों में बायोमेट्रिक मशीन लगाने के आदेश दे दिए। आज आलम यह है कि अब सरकारी दफ्तरों में हजारों स्टाफ ऐसे हो गए हैं, जो समय से आधा घंटा पहले पहुँचने लगे हैं। कई ऐसे स्टाफ हैं, जो संडे को भी आकर अपना काम कर रहे हैं। हाफ डे लीव के आवेदनों की संख्या बढ़ी है। मोदी-सरकार को इसे सिस्टम में लाने में तीन साल से अधिक समय लगा। चेतावनी दी गई कि अगर समय का पालन नहीं करेंगे तो सर्विस रिकॉर्ड पर प्रतिकूल असर पड़ेगा।

सर्जिकल और एयर स्ट्राइक

अपने पहले कार्यकाल में आतंकवाद के खिलाफ मोदी-सरकार के दो स्ट्राइक ने अपनी शक्ति का प्रदर्शन किया। नरेंद्र मोदी-सरकार ने पाकिस्तान के नियंत्रण वाले कश्मीर के हिस्से में सर्जिकल स्ट्राइक की मंजूरी दी और भारतीय सेना ने पहली बार यह कारनामा कर पूरी दुनिया को अचरज में डाल दिया। यह अलग बात है कि काँग्रेस की ओर से कहा गया कि उनके कार्यकाल के दौरान भी ऐसा हुआ, लेकिन उन्होंने ढिंढोरा नहीं पीटा। किंतु

सच यह है कि आमजन उनके इस दलील पर विश्वास ही नहीं करते। कुछ दूसरी पार्टियों ने जब इसका प्रमाण माँगा तो वह लोगों के बीच हँसी के पात्र साबित हुए। भारत ने पहला स्ट्राइक 29 सितंबर, 2016 को किया, जब उसे पता चला पीओके में भारत के खिलाफ आतंकी शिविर चल रहे हैं। इस हमले में 7 आतंकी शिविर और करीब 36 आतंकी नष्ट हो गए। भारत ने पाकिस्तानी घुसपैठ को रोका। घाटी में आम जन को बिना कोई नुकसान पहुँचाए चुन-चुनकर आतंकियों को मार गिराया गया।

14 फरवरी, 2019 को जम्मू-श्रीनगर राष्ट्रीय राजमार्ग पर सुरक्षाकर्मियों के वाहनों के एक काफिले पर पुलवामा के पास एक आत्मघाती हमलावर ने आतंकी घटना को अंजाम दिया, जिसमें सी.आर.पी.एफ. के 46 जवान शहीद हुए। पूरा देश इस घटना से आक्रोशित था। इसकी जिम्मेदारी पाकिस्तान-स्थित आतंकी संगठन जैश-ए-मोहम्मद ने ली। घटना के बाद मोदी ने जिस अंदाज में खुद को व्यक्त किया उससे पाकिस्तान के होश उड़ गए। मोदी ने घटना की निंदा नहीं की। उन्होंने कहा, 'सेना का बलिदान व्यर्थ नहीं जाने दिया जाएगा' और 12 दिनों के अंदर वायुसेना के फाइटर जहाजों ने नियंत्रण रेखा पार करते हुए पाकिस्तान के बालाकोट स्थित जैश-ए-मोहम्मद के शिविर पर बमबारी की और वापस लौट आए। इस हमले में लगभग 300 आतंकी मारे गए। भारत की इस कारवाई से युद्ध जैसे हालात बन गए। दूसरे दिन सीमा पर दोनों देश के फाइटर विमान उड़ान भरने लगे। पाकिस्तान के एफ-16 ने भारत के सरहद में घुसने की कोशिश की तो भारत के मिग-20 के पायलट अभिनंदन ने उसे मार गिराया, लेकिन उनका विमान भी दुर्घटनाग्रस्त होकर पीओके में जाकर गिर गया और अभिनंदन पाक-सेना के हत्थे चढ़ गया। यह मोदी की कूटनीति का ही परिणाम था कि भयभीत पाकिस्तान ने तीन दिन के अंदर ससम्मान उन्हें भारत के हवाले कर दिया। जो पाकिस्तान अब-तक भारत को युद्ध की गीदड़ धमकी देता आ रहा था, आज उसकी गुहार सुनने वाला कोई नहीं है। ये है हमारे देश के मौजूदा प्रधानमंत्री की कार्य-शैली।

पीएम के मन की बात

सत्ता में आने के बाद प्रधानमंत्री नरेंद्र मोदी ने जनता से जुड़ने का एक अनोखा माध्यम निकाला 'मन की बात'। प्रधानमंत्री नरेंद्र मोदी महीने के

अंतिम रविवार को लगातार 'मन की बात' कार्यक्रम के जरिए लोगों को संबोधित करते आ रहे हैं। इस कार्यक्रम के लिए लोगों से सुझाव मांगते और कई मुद्दों पर लोगों से बात करते हैं। मोदी की इस पहल की लोगों ने काफी सराहना की है। हमारे देश में उत्कृष्ट वक्ताओं की परंपरा रही है। इंदिरा गांधी और वाजपेयी-जैसे प्रधानमंत्री भी, जिनको सुनने के लिए लोग बेताब रहते थे। लेकिन इनका भाषण अवसर विशेष पर ही होता था। मोदी ने कुछ अलग करने की कोशिश की, रेडिया के माध्यम से 'मन की बात' कार्यक्रम के माध्यम से देशवासियों से एक भावनात्मक संबंध स्थापित किया। इस कार्यक्रम का इंतजार शहरी और ग्रामीण देशवासियों को रहता है। पहला एपिसोड 3 अक्टूबर, 2014 को मोदी के मन में खादी की बात थी। उन्होंने कहा, 'हर देशवासी को खादी का प्रयोग करना चाहिए।' परिणाम यह हुआ कि खादी की माँग में तेजी से बढ़ोतरी हुई। मोदी के बात करने का तरीका भी निराला होता है।

'बेटी बचाओ, बेटी पढ़ाओ' अभियान के तहत उनका 'मन की बात' के तहत कहना कि आप अपनी बेटी के साथ सेल्फी लेकर सोशल मीडिया पर शेयर करें। इस कार्यक्रम के तरत मोदी ने किसी वर्ग को नहीं छोड़ा। बच्चे, महिलाएँ, युवा, बुजुर्ग उद्यमी, कृषक सब उनकी नजर में थे। यह कार्यक्रम सरकार और नागरिक को एक-दूसरे के नजदीक लाने का काम करता है। आज यह 'ऑल इंडिया रेडियो' का सबसे चर्चित कार्यक्रम है। मोदी के भाषणों और 'मन की बात' दोनों के कहने का अंदाज अलग है। चुनावी या संसद् के अपने भाषणों में मोदी प्रखर दिखते हैं। तेवर के साथ होते हैं, लेकिन 'मन की बात' में वे बहुत ही सहज भाव के साथ होते हैं। यहाँ आध्यात्मिक प्रवचनों जैसा संबोधन होता है। मुद्दा भी एक ही होता है। संवाद की स्थिति होती है। मोदी का यह प्रयोग नए-नए विचारों से भरा होता है।

भ्रष्टाचार पर अंकुश

भ्रष्टाचार के खिलाफ मोदी का एक पंच लाइन था, जो आज भी लोगों की जुबान पर है कि 'ना खाऊँगा और ना खाने दूँगा'। काँग्रेस-सरकार में हुए भ्रष्टाचार को उजागर करने के अपने वादे के अनुसार, मोदी ने सत्ता में आते ही इसके विरुद्ध अपनी कमर कस ली। उनका पहला फरमान 'सुधरो,

काम करो और बदलो अन्यथा बाहर का रास्ता देखो, लेकिन जनता के पैसे से खिलवाड़ मत करें।' प्रधानमंत्री नरेंद्र मोदी ने सत्ता में आते ही यह प्रयास आरंभ किए कि भ्रष्टाचार पर हर प्रकार का अंकुश लगे। इसके लिए सरकार ने सभी सरकारी भुगतान ऑनलाइन करने का निर्णय लिया। टेंडरिंग को पूरी तरह ऑनलाइन करने का आदेश दिया।

दूसरी बार सत्ता में आते ही काँगेस पार्टी के नेता और देश के पूर्व गृह और वित्त मंत्री पी. चिदंबरम और कर्नाटक के पूर्व मंत्री एवं विधायक डी. के. शिवकुमार की गिरफ्तारी नरेंद्र मोदी-सरकार-द्वारा भ्रष्टाचार पर तेज होते प्रहार के संकेत हैं। अपने प्रथम कार्यकाल से ही प्रधानमंत्री मोदी ने भ्रष्टाचार के प्रति जीरो टॉलरेंस की नीति अपनाई। लेकिन काँग्रेस-सरकार में भ्रष्टाचार की जड़ें इतनी गहरी हो गईं कि वह सरकार के लिए एक चुनौती बन गई थीं। काँग्रेस-सरकार में ही 2010 में घोटालों का जो पिटारा खुला, लोग दंग रह गए। 1.76 लाख करोड़ रुपए की 2जी स्पेक्ट्रम आवंटन घोटाला। यह भारतीय इतिहास का अब-तक का सबसे बड़ा स्कैम है।

अपने पहले कार्यकाल में मोदी-सरकार ने भ्रष्टाचार के खात्मे के लिए कई कदम उठाए। इससे करप्शन में डूबे अधिकारियों की नींद उड़ गई। भ्रष्ट अफसरों का पासपोर्ट जारी करने पर रोक के बाद उनकी अवैध कमाई को 'आधार' के माध्यम से पता लगाना शुरू कर दिया। सालों से सभी मंत्रालयों के मलाईदार पदों पर विराजमान अधिकारियों की सूची तैयार की गई। केंद्रीय सतर्कता आयोग के अनुसार, भ्रष्ट सरकारी अफसरों और कर्मचारियों के खिलाफ 50 हजार से अधिक मामलों में विभागीय जाँच शुरू हो गई है और कई के नतीजे भी आने लगे। बेनामी संपत्ति और काले धन के जैसे मुद्दों के साथ भाजपा की सरकार आई थी। आज स्थिति यह कि आयकर विभाग ने 2018 तक 600 से अधिक लेन-देन का पता लगाने के साथ 3,900 करोड़ की बेनामी संपत्ति जब्त की।

अब उन काले धन को निकालना था, जो लोगों के घरों की तिजोरियों में भरा था। मोदी ने 8 नवंबर को तत्कालीन 500 और 1000 के नोट को बंद करने का एलान किया। नोट-बंदी से पहले मोदी-सरकार ने सभी कारोबारियों और उद्योगपतियों को अपना काला धन घोषित करने का ऑफर आई.डी. एस. स्कीम के तहत दिया था। इसके तहत वे अपना काला धन सार्वजनिक

करके 25 प्रतिशत टैक्स और जुर्माने का भुगतान कर बच सकते थे। इसके तहत 65,000 करोड़ रुपए का कालाधन उजागर हुआ। नोटबंदी से देश की जनता को परेशानी तो हुई, लेकिन उन्होंने मोदी पर अपना विश्वास बनाए रखा। नोटबंदी से काला धन बाहर तो आया ही, लगभग तीन लाख ऐसी कंपनियों का पता चला, जो काले धन की कारोबार से जुड़ी थीं। आज उन पर कार्यवाही हो रही है।

जी.एस.टी., डिजिटल भुगतान पर जोर, जनधन योजना के द्वारा भी भ्रष्टाचार पर लगाम लगाया जा रहा है। काले धन से चल रही दो लाख कंपनियों का रजिस्ट्रेशन रद्द कर सरकार ने यह भी दिखा दिया कि भ्रष्टाचार पर नकेल कसने के लिए उसकी नजर कहाँ-कहाँ है। रियल एस्टेट में 20,000 रुपए से अधिक कैश के लेन-देन पर जुर्माना। आधार को पैन से जोड़ना भी उसी की एक कड़ी है। अब आप राजनीतिक दलों को चंदा 2,000 से अधिक कैश में नहीं दे सकते।

अपने चुनावी भाषण में स्विस बैंक में जमा काला धन निकालने की बात भी मोदी कर चुके हैं। विपक्ष ने पाँच साल इस मुद्दे पर मोदी-सरकार को न सिर्फ घेरा, बल्कि उपहास भी उड़ाया। लेकिन इधर भारत-सरकार ने मॉरीशस, स्विट्जरलैंड, सऊदी अरब, कुवैत आदि देशों के साथ कर-संबंधी समझौता करके सुचनाओं को प्राप्त करने का रास्ता सुगम कर लिया है। आज खबर आ रही है कि स्विटजरलैंड के बैंक भारत के खाता धारकों के नाम का लिस्ट जारी करने जा रही है। अगर ऐसा हुआ तो यह मोदी-सरकार की बड़ी उपलब्धियों में एक होगी।

योग करें फिट रहें

प्रधानमंत्री मोदी स्वास्थ्य के प्रति काफी सजग हैं। वह सुबह उठकर योग करते हैं। उन्होंने पूरी दुनिया में 'योग-दिवस' मनाने के लिए संयुक्त राष्ट्र से संपर्क किया। मोदी की पहल पर ही 21 जून को 'विश्व योग-दिवस' को मंजूरी मिली, जिसे 192 देशों का समर्थन मिला था। आज विश्व भारत की इस विद्या का लाभ उठा रहा है। और भारत के नाम एक अंतरराष्ट्रीय सफलता लगी। योग शरीर, मन, बुद्धि आत्मा को तो जोड़ता ही है, आज इसके माध्यम से हम पूरी दुनिया से जुड़ रहे हैं।

योग को केंद्र में रखकर 27 सितंबर, 2014 को संयुक्त राष्ट्र–महासभा में मोदी ने कहा, 'योग भारत की प्राचीन परंपरा का एक अमूल्य उपहार है। यह दिमाग और प्रकृति के बीच सामंजस्य है। विचार, संयम और स्फूर्ति प्रदान करने वाला है। हमारी बदलती जीवन–शैली में यह चेतना बनकर, हमें जलवायु–परिवर्तन से निपटने में मदद कर सकता है। तो आएँ एक 'अंतरराष्ट्रीय योग–दिवस' को गोद लेने की दिशा में काम करते हैं।'

पहला विश्व योग–दिवस 21 जून, 2015 दिल्ली में जब मनाया गया तो राजपथ पर मोदी के साथ 36,000 लोगों ने योग किया। अब तक मनाए गए 5 योग–दिवस के थीम भी अलग–अलग रहे हैं। 2015 का थीम सामंजस्य और शांति के लिए था। 2016 का युवाओं को जोड़ने के लिए, 2017 का स्वास्थ्य के लिए, 2018 का शांति के लिए और 2019 का थीम क्लाइमेट एक्शन के लिए था। इस तरह मोदी ने योग के द्वारा एक स्वस्थ भारत की कल्पना को व्यापक स्वरूप प्रदान करने का कार्य किया।

दूसरी बार सत्ता में आने के बाद मोदी ने 29 अगस्त, 2019 को 'फिट इंडिया' कैंपेन की शुरूआत की। आज हम तकनीक के भरोसे जीने लगे हैं, जिस कारण हमारी जीवन–शैली में बदलाव आया है। और हम नित नई–नई बीमारियों के शिकार हो रहे हैं। अभियान की शुरूआत करते हुए मोदी ने तकनीक के भरोसे रहने वालों पर तंज कसते हुए कहा, 'तकनीक के इस दौर में हमारे घर में जिम है, मोबाइल पर फिटनेस वाला एप है, लेकिन हमारे पास समय नहीं है। योग और फिटनेस मूवमेंट का भी देश की जनता ने स्वागत किया और इससे देश में जागरूकता आई है।

तकनीक के प्रति रुझान

प्रधानमंत्री बनने से पहले नरेंद्र मोदी गुजरात के सीएम थे। वहां से वह लगातार सोशल मीडिया के जरिए लोगों से जुड़े रहे हैं। आज भारत में राष्ट्रपति का पीएमओ का ट्वीटर हैंडल, पीएम का, सभी मंत्रालयों और मंत्री का ट्विटर हैंडल है तो वह मोदी से संभव हुआ है। परिणाम साफ है कि विदेश–मंत्रालय से लेकर रेल, और कई मंत्रालयों में लोगों ने ट्विटर के जरिए अपनी समस्याओं का समाधान किया। कई बार तो बड़ी समस्याओं का समाधान एक ट्वीट से हो गया। उससे बड़ी बात समय पर लोगों को

सुविधा मिली और लोगों ने पीएम की इस मुहिम का लाभ उठाया और उन्हें धन्यवाद दिया।

डिजिटल भारत की मुहिम

डिजिटल भारत के सपने को लेकर पीएम नरेंद्र मोदी आगे बढ़ रहे हैं। पिछले तीन साल के कार्यक्रम में वह लगातार इस ओर बढ़ते जा रहे हैं। लोग इस दिशा में काम करने का आग्रह कर रहे हैं। सरकार के सभी विभागों को डिजिटलाइजेशन के लिए प्रेरित कर रहे हैं। उनका मानना है कि इससे पर्यावरण से लेकर धन की हानि दोनों को बचाया जा सकता है। कई सरकारी काम अब इस माध्यम से होने लगे हैं। इतना ही नहीं, कई ऐसे फॉर्म को सरल किया, जिसके चलते लोगों को समस्याओं का सामना करना पड़ता था।

रोज एक कानून किया खत्म

आजादी के पहले अंग्रेजों ने भारत के लिए कई कानून बनाए। आजादी के बाद भी हजारों की संख्या में इस प्रकार के कानून भारत में चलते रहे। कई ऐसे कानून भी हैं, जिनकी अब आवश्यकता ही नहीं रही। आजादी के 70 से भी ज्यादा वर्ष हो गए, कई सरकारें आईं गईं, लेकिन किसी ने भी इस ओर ध्यान नहीं दिया, विचार नहीं किया। इस पर नरेंद्र मोदी-सरकार ने कई ऐसे कानून रद्द कर दिए, जिनकी अब कोई जरूरत नहीं है। एक कार्यक्रम में पीएम मोदी ने कहा कि जब से वह सरकार में आए हैं, तबसे लेकर अब-तक उन्होंने 1,000 से ज्यादा कानून रद्द कर दिए हैं। वे अपनी इस मुहिम में रोज आगे बढ़ रहे हैं। उनका मानना है कि कई गैरजरूरी कानून लोगों के लिए दिक्कत पैदा करते हैं।

नीति-आयोग का गठन

योजना आयोग अब इतिहास हो गया है। इसके स्थान पर पीएम मोदी ने नीति आयोग का गठन किया है। जब मोदी गुजरात के सीएम थे, तब योजना आयोग, उसकी कार्यशैली और राज्यों से व्यवहार उन्हें उचित नहीं लगा। राज्यों से केंद्र के बेहतर समन्वय के लिए उन्होंने 'नीति आयोग' का गठन

किया। यह संस्थान सरकार के थिंक टैंक के रूप में सेवाएँ प्रदान करता है, जिसमें केंद्र के साथ राज्य भी योजनाओं को बनाने में अपनी राय रखते हैं।

पाकिस्तान को अलग-थलग करना

पाकिस्तान में लोकतांत्रिक तरीके से नई सरकार चुनकर आई है। इमरान खान देश के नए प्रधानमंत्री बने हैं। पाकिस्तान के नए प्रधानमंत्री ने भारत को लेकर अपनी विदेश-नीति में बड़े फर्क का संकेत दिया है, अब वे टकराव की जगह मैत्री की भाषा बोलते दिख रहे हैं, लेकिन वहाँ का कट्टरपंथी समुदाय हर दिन भारत के खिलाफ जहर उगलता रहा है। वहाँ के आतंकवादी संगठनों का सरकार पर दबाव बना रहता है और सरकार को भी उन्हीं की भाषा में बोलना पड़ता है।

पाकिस्तान को लेकर प्रधानमंत्री नरेन्द्र मोदी की रणनीतिक कूटनीति अब सफल साबित हो रही है। यह प्रधानमंत्री मोदी की दूरदर्शिता का नतीजा है कि विश्व-भर के देश पाकिस्तान की किसी बात पर अब भरोसा करने के लिए तैयार नहीं हैं। सबसे बड़ी बात तो यह है कि लंबे समय से अमेरिका का चहेता रहा पाकिस्तान, आज अमेरिकी आँखों का ही सबसे बड़ा काँटा बन चुका है।

सितंबर, 2016 और 2019 के सर्जिकल स्ट्राइक के रूप में भारत ने जिस तरह पाकिस्तान को अपनी सख्ती का एहसास कराया है, उससे पाकिस्तान के साथ दुनिया में यह संदेश गया है कि भारत अब कम-से-कम आतंकवाद के मुद्दे पर हाथ-पर-हाथ रखकर बैठने वाला नहीं है। प्रधानमंत्री नरेन्द्र मोदी की अथक मेहनत का ही परिणाम है कि अमेरिका ने पाकिस्तान को आतंकवादियों की शरण-स्थली वाले देशों की सूची में डाल दिया है।

प्रधानमंत्री नरेन्द्र मोदी कई बार अंतरराष्ट्रीय मंचों पर जोरदार तरीके से सभी देशों से एकजुट होकर आतंकवाद के खिलाफ लड़ाई का आह्वान कर चुके हैं। संयुक्त राष्ट्र अमेरिका से भी प्रधानमंत्री मोदी ने कई मौकों पर आतंकवाद के खिलाफ सख्ती दिखाने का आग्रह किया है। इसका परिणाम ब्रिक्स-घोषणापत्र में आतंकवाद के जिक्र से भी देखने को मिला। चीन की तमाम कोशिशों के बावजूद ब्रिक्स-देशों ने आतंकवाद के समस्त रूपों की निंदा की। ब्रिक्स श्यामन 2017 के घोषणापत्र के 48वें अनुच्छेद में कुल 10 आतंकी संगठनों का जिक्र है, जो पाकिस्तान की देख-रेख में पनपे

और पले-बढ़े हैं। आज कश्मीर से अनुच्छेद 370 को हटाए जाने के बाद बौखलाए पाकिस्तान को किसी देश का साथ नहीं मिला और यह सब मोदी की कूटनीति का ही परिणाम है।

चीन की आँखों में आँख डालना

चीन को उसकी आर्थिक ताकत के कारण एक वैश्विक शक्ति माना जाता है, लेकिन राष्ट्रीय सुरक्षा और आर्थिक हितों की अनदेखी करते हुए हुए नरेन्द्र मोदी चीन के साथ कोई दूसरा संबंध न बनाने के इरादे पर अटल हैं। आज चीन के साथ भारत का जो भी संबंध है, वह बराबरी पर आधारित है। चीन के पास जिस तरह उसकी आर्थिक ताकत है, उसी प्रकार प्रधानमंत्री मोदी लगातार इस बात की कोशिश में लगे हैं कि भारतीय अर्थव्यवस्था भी मजबूत हो। अब तो चीनी थिंक टैंक भी मान रहे हैं कि आने वाले दशक में भारत चीन से आगे निकल जाएगा।

चीन हमारा पड़ोसी देश है और कुछ मुद्दों पर दोनों के बीच विवाद भी है, लेकिन चीन और उसके नेता प्रधानमंत्री मोदी की ताकत से अच्छी तरह वाकिफ हैं।

इस बीच, चीन ने अपनी विस्तारवादी नीति से भारत की परेशानी जरूर बढ़ाई है, पर भारत ने हालात का डटकर मुकाबला किया। आर्थिक और सैन्य दृष्टि से मजबूत होने के बावजूद डोकलाम में चीन को अपने कदम वापस खींचने पर विवश कर देना नरेन्द्र मोदी की विदेश-नीति ही नहीं, बल्कि राष्ट्र-नीति की भी बड़ी सफलता रही। दिलचस्प है कि अरुणाचल के सीमाई इलाके में सन् 1962 के युद्ध के बाद से अब तक कोई घटना नहीं हुई है। इसके साथ एक सच यह भी है कि चीन अपनी विस्तारवादी नीति के तहत मंसूबा पाले बैठा है और अरुणाचल प्रदेश को अपना हिस्सा बताता रहा है। हालाँकि मोदी-सरकार ने चीन के इस दावे को सख्ती से खारिज कर दिया है। मोदी-सरकार के दृढ़ निश्चय के कारण प्रदेश में जहाँ विकास-कार्यों में तेजी आई है, वहीं सीमा-सुरक्षा पर भी बल दिया गया है। जब चीनी सुबानसीरी इलाके में भारतीय सेना ने पेट्रोलिंग की तो चीन ने ऐतराज जताया, लेकिन भारत ने चीन की इस हिमाकत के जवाब में वहाँ सेना की गश्ती और तेज कर दी।

मालदीव में भारत के प्रति बढ़ते समर्थन को देखते हुए चीन चिढ़ा हुआ है। चीन भारत को धमकी भी देता है कि अगर भारत वहाँ दखल देगा तो चीन चुप नहीं बैठेगा। लेकिन मोदी-सरकार की नीति से घिरा चीन इस मामले में सिवाय छटपटाने और धमकी देने के अलावे कुछ नहीं कर सकता है। दरअसल, मालदीव में चीन के प्रति लोगों का गुस्सा भड़क रहा है और भारत के प्रति समर्थन बढ़ रहा है। इतना ही नहीं, वहाँ का सुप्रीम कोर्ट और लोकतांत्रिक ताकतें भी भारत की तरफ उम्मीद लगाए बैठी हैं।

प्रधानमंत्री नरेन्द्र मोदी की कूटनीति का असर दिखने लगा है। मोदी के नेतृत्व में विश्व-बिरादरी में भारत की बढ़ती साख का परिणाम है कि चीन भारत के साथ मिलकर काम करना चाहता है। सिंगापुर के शांग्री-ला डायलॉग में भारत-चीन-रिश्तों पर प्रधानमंत्री नरेन्द्र मोदी की सकारात्मक टिप्पणी का चीन ने स्वागत किया। भारत एक महाशक्ति के तौर पर उभरा है। तभी से लग रहा था कि चीन भारत के साथ संबंधों को आगे ले जाने को इच्छुक है।

नमो की दूसरी पारी

भारतीय लोकतंत्र में काफी समय के बाद ऐसा हुआ है, जब किसी मजबूत सरकार की और मजबूती से वापसी हुई हो। मोदी ने यह साबित कर दिया कि अगर देश-हित में काम किया जाए तो जनता उसे एक नहीं, कई बाद देश की कमान सौंपेगी। अपने कार्यों से मोदी ने लोगों का विश्वास जीता। पहले कार्यकाल में न कहीं आतंकी घटना और न कोई भ्रष्टाचार। घर-घर बिजली, पानी, शौचालय अपने-आप में एक प्रशंसनीय बात है।

मोदी ने 2014 से ही अपनी सरकार को मजबूत टीम बनाया। ऐसा करके उन्होंने संप्रग के दौरान मनमोहन सिंह की कमजोर प्रधानमंत्री की छवि को दूर कर एक मजबूत, साहसिक और त्वरित निर्णय लेने वाले प्रधानमंत्री की छवि अर्जित की। यह छवि देश-विदेश में धूम मचाती रही। मोदी ने विकास को ही अपनी विचारधारा के रूप में पेश किया। वास्तविक विकास का स्वरूप सबसे सेक्युलर होता है। वह न हिंदू देखता है न मुसलमान। मोदी ने यह सुनिश्चित किया कि विकास-योजनाओं का लाभ सबको बिना भेद-भाव के मिले। भले ही राज्य-स्तर पर भ्रष्टाचार का बोलबाला बना हुआ हो, फिर भी बिचौलियों को खत्म कर लाभार्थियों के खातों में सीधे पैसे डालने से

गरीबों, वंचितों और उपेक्षितों को आशा की एक किरण दिखाई दी। मोदी पर 'जुमलेबाज' होने का इल्जाम राहुल गांधी और तमाम विपक्षी नेता लगाते रहे, लेकिन जिन गरीबों को मोदी की विकास-योजनाओं का लाभ मिलने लगा उन्हें आरोप बेबुनियाद लगा। सामाजिक सुरक्षा और लोक-कल्याण के जो भी कार्यक्रम मोदी-सरकार ने शुरू किए, वे जमीन पर स्पष्ट दिखाई दे रहे हैं। महिलाओं का एक बड़ा तबका 'बेटी बचाओ-बेटी पढ़ाओ', शौचालय, सफाई और तीन-तलाक जैसे प्रयोगों की वजह से मोदी की ओर आकृष्ट हुआ।

मोदी ने राजनीति में एक नया विमर्श गढ़ा। उन्होंने राजनीति को जातिवादी खांचे से निकाल कर जनवादी अर्थात् वर्गीय साँचे में डाल दिया है। आज समाज के तमाम वर्ग जैसे महिलाओं, पिछड़ों, दलितों और यहाँ तक कि मुस्लिमों का भी विश्वास मोदी में जगा है। 'सबका साथ-सबका विकास' जुमला नहीं, एक हकीकत बन गया है। इससे पार्टी के जनाधार में क्रांतिकारी परिवर्तन हुआ, जिसमें भाजपा के परंपरागत मतदाताओं के साथ-साथ समाज के सभी वर्गों के नए मतदाता जुड़े। खास तौर से युवा मतदाता को मोदी-सरकार की 'हाईटेक' कार्यप्रणाली बहुत प्रभावित कर रही है। आज से पाँच वर्ष पूर्व जो मतदाता केवल 13 वर्ष के रहे होंगे, वे मोदी के 'मन-की-बात' के द्वारा पाँच वर्षों में उनसे 53 बार मिले। यह एक विलक्षण प्रयोग था, जिसे हम स्मार्ट पॉलिटिक्स कह सकते हैं। राजनीति में सफलता का और कोई सूत्र नहीं। नेक इरादों के साथ केवल जनता से जुड़े रहिए, सफलता आपके कदम चूमेगी। यही काम हमारे जनप्रतिनिधि और नेता करने से बचते रहे हैं। मोदी पांच वर्षों में हुए सभी विधानसभा-चुनावों में अपनी पार्टी के एकमात्र सुपर स्टार प्रचारक रहे, जिसकी वजह से भी वह जनता से जुड़े रहे। मोदी-सरकार ने अपने पाँच वर्षों के शासन की उपलब्धियों पर वोट माँगा।

सबसे प्रभावित करने वाली बात यह रही कि हर समय घोटालों और भ्रष्टाचार में घिरी रहने वाली काँग्रेसी सरकार के विपरीत मोदी-सरकार का कार्यकाल साफ-सुथरा रहा। हालाँकि राहुल गांधी ने राफेल पर मोदी को घेरने की कोशिश की, लेकिन जनता ने उसे खारिज कर दिया। यह मानने के पर्याप्त कारण हैं कि राहुल ने जिस प्रकार मोदी के प्रति अमर्यादित भाषा का इस्तेमाल किया उससे जनता में राहुल के प्रति नाराजगी भर गई। उधर मोदी ने न केवल अपनी सरकार में भ्रष्टाचार पर 'जीरो-टॉलरेंस' की नीति अपनाई,

वरन् पारदर्शिता, उत्तरदायित्व, फिजूलखर्ची पर लगाम लगाकर सुशासन का परिचय दिया। उन्होंने कुछ ऐसे सुधार किए कि केंद्र-सरकार के कार्यालयों में गुणात्मक परिवर्तन दिखने लगा।

भाजपा दूसरी बार भारी बहुमत से सत्ता में आई। मोदी-सरकार को अब जनता का पूरा समर्थन था। विपक्ष इतना कमजोर कि वह सिर्फ विरोध करने तक ही सीमित रह गया। अब मोदी के पास कई निर्णय लेने का वक्त था। सर्वप्रथम तो उन्होंने अपने सांसदों और उनके मंत्रालयों के अधिकारियों और कर्मचारियों को स्पष्ट किया कि वे जनता के सेवक हैं और उनकी सेवा ही उनका काम है। उन्होंने अपने सांसदों से कहा कि सरकारी दफ्तरों में अपने रिश्तेदारों और परिचितों की नियुक्ति न करें। 2014 के चुनावी सभाओं में जो दो महत्त्वपूर्ण वादे मोदी ने किए थे, अब उसे पूरा करने के लिए सरकार ने कमर कस लिया। ये दोनों फैसले भारत के इतिहास में ऐतिहासिक हैं। अमित शाह देश के गृहमंत्री बनाए गए, जिनकी रणनीति से भाजपा-सरकार को मजबूती मिली है।

मुस्लिम महिलाओं को मिली तीन तलाक से निजात

दूसरी बार सत्ता में भारी बहुमत मिलने का एक कारण यह भी था कि मुस्लिम महिलाओं का वोट भाजपा को मिला था। उन्हें लगा कि मोदी को छोड़कर कोई इस सामाजिक कुप्रथा को समाप्त नहीं कर सकता। मुस्लिम पुरुष वर्ग के साथ-साथ कई राजनीतिक दल भी इस बिल का विरोध कर रहे थे। 2017 में सुप्रीम कोर्ट ने तीन तलाक की प्रथा पर रोक लगाई थी। पाँच जजों की पीठ ने तुरंत तलाक देने के इस रिवाज को असंवैधानिक करार दिया। उत्तराखंड की शायरा बानो की याचिका पर कोर्ट ने यह फैसला सुनाया था। शायरा के पति ने तीन बार तलाक लिखकर चिट्ठी भेजी थी। शायरा ने इसके विरुद्ध न्यायपालिक का दरवाजा खटखटाया था। तब शायरा की याचिका के साथ चार और महिलाओं ने ऐसी याचिका जोड़ दी। सुप्रीम कोर्ट का फैसला आने के बाद कानून-मंत्री रविशंकर प्रसाद ने तुरंत यह बिल लोकसभा में पेश किया। तीन तलाक के मामले में तीन साल की जेल का प्रावधान करते हुए इसे आपराधिक मामला बताया था। तब यह बिल लोकसभा में पारित हो गया, लेकिन राज्यसभा में राजग का बहुमत न

होने के कारण यह पारित नहीं हो सका। ज्यादातर विपक्षी दलों का कहना था कि बिल में अपराध-संबंधी क्लॉज जोड़ने से इसका मुस्लिम पुरुषों के खिलाफ गलत इस्तेमाल हो सकता है। भाजपा इसे नारी सशक्तीकरण के रूप में देख रही थी।

दूसरी बार सत्ता में आने के बाद इस बिल को पास कराने की शक्ति अब राज्यसभा में भी थी। राज्यसभा में जब यह बिल वापस आया तो पूरा विपक्ष एक जुट होकर इसका विरोध करने लगे, लेकिन राज्यसभा में यह बिल 84 के मुकाबले 99 मतों से पारित हो गया। इस बिल के पास होने की खुशी मुस्लिम महिलाओं में स्पष्ट रूप से देखी जा सकती है। ऐसा कर मोदी ने मुस्लिम महिलाओं का दिल जीत लिया।

कश्मीर को अनुच्छेद 370 से मिली मुक्ति

अब हमारे देश के लोगों को यह कहने की जरूरत नहीं पड़ेगी कि कश्मीर हमारे देश का अभिन्न अंग है। कश्मीर में 70 साल से लागू अस्थायी अनुच्छेद 370 के हटते ही कश्मीर की कितनी ही जटिलताएँ एक साथ समाप्त हो गई। राजनीतिक हलकों में कुछ हंगामा मचा लेकिन अगर वास्तविक खुशी किसी को मिली है तो वह कश्मीरियों को मिली है। मोदी सरकार के इस राष्ट्रवादी फैसले से देश का मान-सम्मान बढ़ा है।

जम्मू-कश्मीर से अनुच्छेद-370 हटाने के बहुप्रतीक्षित फैसले पर केंद्र सरकार ने मुहर लगा दी है। इसके साथ ही राज्य में लागू 35ए (विशेष नागरिकता अधिकार) भी स्वत: समाप्त हो गया। इस बड़े फैसले से पहले ही घाटी में सुरक्षा बढ़ा दी गई थी। अलगाव वादी नेताओं को नजरबंद कर दिया गया ताकी वे कानून व्यवस्था नहीं बिगाड़ सकें। यह धारा कश्मीर में क्यों, कैसे और किन वजहों से लगाई गई? इसके पीछे कौन-से स्वार्थी तत्व थे यह अब इतिहास का विषय बन गया। अब चर्चा एक नए कश्मीर की करनी है। यह धारा कश्मीर ही नहीं पूरे देश के लिए एक नासूर बन गई थी मोदी ने एक झटके में उसे ठीक कर दिया। इस धारा के समाप्त हो जाने के बाद कश्मीर में क्या परिवर्तन होगा अब हमारे लिए यह जानना जरूरी है।

1. अब जम्मू-कश्मीर में देश के अन्य राज्यों के लोग भी जमीन लेकर बस सकेंगे।

2. कश्मीर का अब अलग झंडा नहीं होगा। मतलब वहाँ भी अब तिरंगा शान से लहराएगा। जम्मू-कश्मीर में अब तिरंगे का अपमान या उसे जलाना या नुकसान पहुंचाना संगीन अपराध की श्रेणी में आएगा।
3. अनुच्छेद-370 के साथ ही जम्मू-कश्मीर का अलग संविधान भी इतिहास बन गया है। अब वहां भी भारत का संविधान लागू होगा।
4. जम्मू-कश्मीर में स्थानीय लोगों की दोहरी नागरिकता समाप्त हो जाएगी।
5. जम्मू-कश्मीर के दो टुकड़े कर दिए गए हैं। जम्मू-कश्मीर और लद्दाख अब अलग-अलग केंद्र शासित प्रदेश होंगे।
6. अब अनुच्छेद-370 का खंड-1 केवल लागू रहेगा। शेष खंड समाप्त कर दिए गए हैं। खंड-1 भी राष्ट्रपति द्वारा लागू किया गया था। राष्ट्रपति द्वारा इसे भी हटाया जा सकता है। अनुच्छेद 370 के खंड-1 के मुताबिक जम्मू और कश्मीर की सरकार से सलाह कर राष्ट्रपति, संविधान के विभिन्न अनुच्छेदों को जम्मू और कश्मीर पर लागू कर सकते हैं।
7. अनुच्छेद-370 की पहचान इसके सबसे विवादित खंड 2 व 3 से थी, जो भेदभाव से भरी थी। इन दोनों खंडों को ही समाप्त किया गया है। मतलब प्रभावी रूप से अनुच्छेद 370 से आजादी मिल गई है।
8. जम्मू-कश्मीर में विधानसभा होगी, लेकिन लद्दाख में विधानसभा नहीं होगी। मतलब जम्मू-कश्मीर में राज्य सरकार बनेगी, लेकिन लद्दाख की कोई स्थानीय सरकार नहीं होगी।
9. जम्मू-कश्मीर की लड़कियों को अब दूसरे राज्य के लोगों से भी शादी करने की स्वतंत्रता होगी। दूसरे राज्य के पुरुष से शादी करने पर उनकी नागरिकता खत्म नहीं होगी।
10. अनुच्छेद-370 में पहले भी कई बदलाव हुए हैं। 1965 तक जम्मू और कश्मीर में राज्यपाल की जगह सदर-ए-रियासत और मुख्यमंत्री की जगह प्रधानमंत्री हुआ करते थे।
11. अनुच्छेद-370 को खत्म करने की मंजूरी राष्ट्रपति ने पहले ही दे दी थी। दरअसल ये अनुच्छेद पूर्व में राष्ट्रपति द्वारा ही लागू किया गया था। इसलिए इसे खत्म करने के लिए संसद से पारित कराने की आवश्यकता नहीं थी। संसद में केवल दोनों राज्यों को केंद्र शासित प्रदेश का दर्जा देने के लिए प्रस्ताव पेश किया गया है।

12. जम्मू-कश्मीर सरकार का कार्यकाल अब छह साल का नहीं, बल्कि पाँच वर्ष का ही होगा।
13. भारत का कोई भी नागरिक अब जम्मू-कश्मीर में नौकरी भी कर सकेगा। अब तक जम्मू-कश्मीर में केवल स्थानीय लोगों को ही नौकरी का अधिकार था।
14. अन्य राज्यों से जम्मू-कश्मीर जाकर रहने वाले लोगों को भी वहां मतदान करने का अधिकार मिल सकेगा। साथ ही अन्य राज्यों के लोग भी अब वहां से चुनाव लड़ सकेंगे।
15. जम्मू-कश्मीर व लद्दाख के लोग भी अब शिक्षा के अधिकार, सूचना के अधिकार जैसे भारत के हर कानून का लाभ उठा सकेंगे।
16. केंद्र सरकार की कैग जैसी संस्था अब जम्मू-कश्मीर में भी भ्रष्टाचार पर नियंत्रण के लिए ऑडिट कर सकेगी। इससे वहां भ्रष्टाचार पर लगाम लगेगी।
17. अब जम्मू-कश्मीर व लद्दाख में भी सुप्रीम कोर्ट का हर फैसला लागू होगा। पहले जनहित में दिए गए सुप्रीम कोर्ट के फैसले वहां लागू नहीं होते थे।
18. महिलाओं पर पर्सनल कानून बेअसर हो जाएगा। इस संशोधन से सबसे बड़ी राहत जम्मू-कश्मीर की महिलाओं को ही मिली है। संशोधन को जम्मू-कश्मीर की महिलाओं की आजादी के तौर पर भी देखा जा सकता है।
19. अब तक यहां की कानून व्यवस्था मुख्यमंत्री की जिम्मेदारी थी। अब दिल्ली की तरह जम्मू-कश्मीर व लद्दाख की कानून-व्यवस्था भी सीधे केंद्र के हाथ में होगी। गृहमंत्री, उपराज्यपाल के जरिए इसे संभालेंगे।
20. प्रशासनिक कार्य के लिए जम्मू-कश्मीर सरकार को अब केंद्र सरकार के प्रतिनिधि के तौर पर वहां तैनात उपराज्यपाल से मंजूरी लेनी होगी।

ये दोनों काम ऐसे थे जिसकी दूर-दूर तक कोई कल्पना नहीं की जा सकती थी। कश्मीर के जिस लाल चौक पर भारत का झंडा फहराने के लिए अपनी जान हथेली पर रखकर कभी मोदी गए थे आज उसी कश्मीर के सभी सरकारी दफ्तरों और विधान सभा में तिरंगा शान से लहरा रहा है।

2. सत्ता वापसी की 10 महत्त्वपूर्ण योजनाएँ

काँग्रेस और विपक्ष ने केंद्र में सत्तासीन नरेंद्र मोदी सरकार द्वारा पाँच साल के कार्यकाल में बहुत-से वादों को भूल जाने का दावा करते हुए उन्हें 'जुमला' करार देती रही, लेकिन फिर भी कुछ ऐसी योजनाएँ और ऐसे काम हैं, जिनका लाभ बीजेपी-नीति सरकार को आम चुनाव 2019 में मिला। सरकार के दावों के मुताबिक, इन योजनाओं के फलस्वरूप करोड़ों देशवासी लाभान्वित हुए हैं और होते रहेंगे। सरकार को पूरी उम्मीद थी कि लोकसभा चुनाव 2019 में विपक्षी दलों की आलोचना के बावजूद जनता उनका साथ देगी, और प्रधानमंत्री नरेंद्र मोदी को राष्ट्रीय प्रशासन के शीर्ष पद पर दूसरा कार्यकाल जरूर हासिल होगा। मोदी सरकार ने जो 10 योजनाएँ धरती पर उतार उसका सीधा लाभ लोगों को मिला। मोदी की एक खासियत यह भी है कि उन्होंने अपने नाम से कोई योजना नहीं बनाई सारी योजनाएँ प्रधानमंत्री के नाम से हैं। वो व्यक्तिवाद से ऊपर उठकर कार्यवाद को महत्त्व देते हैं। देश में पहले से चली आ रही ऐसी कई योजनाएँ हैं जो किसी खास व्यक्ति के नाम पर हैं जैसे इंदिरा आवास, इंदिरा ज्योति, जवाहर नवोदय विद्यालय, राजीव गांधी आवास योजना। मोदी अपने राजनीतिक गुरुओं को भी गुरु दक्षिणा देना जानते हैं और इसी क्रम में उन्होंने पंडित दीनदयाल उपाध्याय, डॉ. श्यामा प्रसाद मुखर्जी और अटल जी के नाम पर उन्होंने अनेक योजनाओं का शुभारंभ किया।

'गरीब' सवर्णों का आरक्षण बिल

केंद्र सरकार ने अपने कार्यकाल के अंतिम महीनों में अचानक एक विधेयक पेश किया, जिसमें अनुसूचित जातियों, अनुसूचित जनजातियों तथा

अन्य पिछड़े वर्गों को दिए जाने वाले आरक्षण से इतर शिक्षा के क्षेत्र तथा सरकारी नौकरियों में उन सवर्णों, मुस्लिमों तथा ईसाइयों को भी 10 प्रतिशत आरक्षण दिए जाने का प्रस्ताव था, जिन्हें आर्थिक रूप से पिछड़ा माना जा सके। इस विधेयक के तहत आठ लाख रुपए से कम वार्षिक आय अथवा पांच एकड़ से कम जमीन अथवा 1,000 वर्गफुट से कम आकार का मकान आदि मानक तय किए गए। सरकार का कहना है, इससे समाज में समता पैदा होगी, और अब तक जो लोग आरक्षण का लाभ नहीं हासिल कर पा रहे थे, उन्हें भी बराबर के अवसर हासिल होंगे। विपक्ष इसे वोट बैंक की राजनीति से जोड़कर देख रहा था जबकि देश की जनता ने इसे समतावादी बताया और मोदी-सरकार को वोट दिया। केंद्रीय विधि एवं न्याय मंत्रालय की ओर से जारी अधिसूचना के मुताबिक संविधान (103वां संशोधन) अधिनियम के जरिए संविधान के अनुच्छेद 15 और 16 में संशोधन किया गया, इसके जरिए एक प्रावधान जोड़ा गया, जो सरकार को नागरिकों के आर्थिक रूप से कमजोर किसी तबके की तरक्की के लिए विशेष प्रावधान करने की अनुमति देता है।

आयुष्मान भारत योजना

आयुष्मान भारत योजना या प्रधानमंत्री जन आरोग्य योजना, जिसे आमतौर पर 'मोदी केयर' कहकर पुकारा जाता है, को 1 अप्रैल, 2018 से लागू कर दिया गया है। केंद्रीय वित्तमंत्री अरुण जेटली द्वारा वित्तवर्ष 2018-19 के आम बजट में प्रस्तावित की गई नरेंद्र मोदी सरकार की इस महत्त्वाकांक्षी योजना के तहत गरीबी रेखा से नीचे (बीपीएल) की श्रेणी में आने वाले परिवारों को पाँच लाख रुपये तक का स्वास्थ्य बीमा उपलब्ध कराया जाना है। बताया गया है 10 करोड़ बीपीएल परिवारों के 50 करोड़ सदस्यों को इस योजना का लाभ देने के बाद इसमें शेष भारतीयों को भी शामिल किया जाएगा। इस योजना के तहत अब देश के गरीब लोगों को भी बड़े अस्पतालों में इलाज करने की सुविधा मिलेगी। राँची में योजना की घोषणा करते हुए मोदी ने कहा कि क्रमशः इस योजना का लाभ निम्न मध्यवर्ग और ऊपरी मध्यवर्ग को भी मिलने लगेगा। अगर 2011 की जनगणना को आधार मानें तो 8.30 ग्रामीण और 2.33 करोड़ शहरी परिवार इस दायरे में आते हैं। इस योजना

का लाभ उठाने के लिए परिवार के सदस्यों की संख्या और उम्र तय नहीं की जाएगी यह स्कीम पेपरलेस और कैशलेस होगी। इस योजना पर आने वाली लागत राज्य और केंद्र सरकार मिलकर उठाएगी। योजना की अनुमानित राशि 12 हजार करोड़ रुपए है।

उज्ज्वला योजना

केंद्र सरकार की प्रधानमंत्री उज्ज्वला योजना से कमजोर वर्ग की महिलाओं जो लकड़ी और उपले पर खाना बनाती थीं और जिससे उनके स्वास्थ पर बुरा प्रभाव पड़ रहा था- को मोदी ने बड़ी राहत दी है। मजदूर-दिवस पर 2016 को उत्तर-प्रदेश के बलिया में इसे लॉन्च किया गया। बीपीएल परिवार की कोई भी महिला आवेदन कर सकती है। उस महिला का एक बचत खाता किसी राष्ट्रीय बैंक में होना अनिवार्य है। भारत सरकार ने वित्तीय सहायता योजना के तहत उज्ज्वला योजना में हर उस परिवार को 1600 रुपया आर्थिक सहायता दी ताकि वह अपने गैस कनेक्शन खरीद सके।

उज्ज्वला योजना मूल रूप से प्रधानमंत्री नरेंद्र मोदी के दिमाग की उपज बताई जाती है, जिन्होंने करोड़ों संपन्न भारतीयों से रसोई गैस सिलेंडरों पर मिलने वाली सब्सिडी को स्वेच्छा से छोड़ देने की अपील की, और मोदी की इस अपील के परिणामस्वरूप करोड़ों लोगों ने सब्सिडी का त्याग कर दिया। और आज इसकी बदौलत पाँच करोड़ गरीब महिलाओं के रसोईघरों में गैस पहुँच रही है और उनके परिवारों को सीधा लाभ मिला। दरअसल, पिछली सरकार के कार्यकाल के दौरान रसोई गैस पर मिलने वाली सब्सिडी को सीमित कर दिया गया था, और गैर-बीपीएल परिवारों को साल में सिर्फ नौ रसोई गैस सिलेंडरों पर सब्सिडी मिलती थी, लेकिन उसके बाद इस्तेमाल किए जाने वाले सिलेंडरों पर कोई सब्सिडी नहीं दी जाती थी। 2019 के चुनाव में इसका सीधा लाभ भाजपा को मिला। और यह सिर्फ इसलिए क्योंकि यह योजना उन महिलाओं के घरों तक पहुँच गई थी।

जन-धन बैंक खाते

कल तक हमारे देश में हजारों की संख्या में बैंक थे और दूसरा पक्ष यह भी कि 70 साल बीत जाने पर भी देश की करोड़ों की आबादी बैंकिंग

व्यवस्था से अछूती रही। इन लोगों के पास एक बैंक बचत खाता तक नहीं था और यह हमारे लिए एक दुर्भाग्य पूर्ण बात थी। लेन-देन में पारदर्शिता तभी आएगी जब आप बैंक से जुड़ेंगे। ऐसे में मोदी ने इस योजना को लागू किया। जिसके तहत जीरो-बैलेंस बैंक बचत खाते खुलवाए गए। केंद्र सरकार की सबसे ज्यादा कामयाब योजनाओं में जन-धन बैंक खाता योजना का जिक्र किया जाता है, जिससे न सिर्फ करोड़ों भारतीयों को बैंकिंग व्यवस्था से सीधे जुड़ने का मौका मिला, बल्कि योजना से लाभान्वित हुए गरीब देशवासियों ने जीरो-बैलेंस खाते होने के बावजूद 81,203 करोड़ रुपए बैंकों में जमा कराए। प्रधानमंत्री की जन-धन योजना एक राष्ट्रीय मिशन है जो देश के सभी लोगों को आर्थिक रूप से सशक्त बनाने के लिए चलाया गया है। इस योजना की सबसे बड़ी खासियत यह है कि खाता खुलते ही खाताधारी को 2 लाख रुपए का अकस्मात बीमा मिल जाता है। प्रधानमंत्री ने इस योजना की घोषणा 15 अगस्त, 2014 को लाल किले से की और 28 अगस्त को इसे लागू कर दिया गया। इस परियोजना की औपचारिक शुरुआत से पहले मोदी ने सभी बैंकों की ई-मेल के माध्यम से बताया कि 'हर परिवार के लिए बैंक खाता' एक राष्ट्रीय मिशन है और सभी बैंक इसके लिए तैयार रहें। उद्घाटन के दिन ही 1.5 करोड़ बैंक खाते खोले गए। बीते 5 साल में इस योजना के तहत 32 करोड़ लोगों का खाता खोला गया। जन-धन खाते के साथ भी लोगों को एफ.डी., आर.डी. जैसी सुविधाएं दी जाने लगीं। खाता खुलवाते ही बैंक की ओर से ए.टी.एम. कार्ड मिला। इस योजना से आप अन्य सरकारी योजना का लाभ ले सकते हैं।

जनसुरक्षा योजना

भारत में जीवन बीमा करने के लिए आज लाइफ इंश्योरेंस ऑफ इंडिया समेत कई कंपनियाँ मौजूद हैं, जिनके पास करोड़ों ग्राहक भी हैं, लेकिन सरकार की तरफ से कभी कोई बीमा पॉलिसी जारी नहीं की गई थी। प्रधानमंत्री सुरक्षा बीमा योजना एक प्रकार की दुर्घटना बीमा पॉलिसी है। जो अब आम लोगों तक पहुँच गई है। 9 मई, 2015 को प्रधानमंत्री नरेंद्र मोदी ने जनसुरक्षा योजना के तहत तीन योजनाओं की घोषणा की थी, जिनमें प्रधानमंत्री जीवन ज्योति बीमा योजना भी शामिल है। इसके तहत दो लाख

रुपए तक का जीवन बीमा कवर की पेशकश की गई, यानी जिसके नाम से बीमा है उसकी मृत्यु हो जाने की स्थिति में उसके परिवार को दो लाख रुपये की राशि दी जाती है। इस योजना के तहत मिलने वाली पॉलिसी को हर वर्ष नवीकृत करना होता है, और उसके लिए 330 रुपये की प्रीमियम राशि देनी होती है। इस राशि के अतिरिक्त उस व्यक्ति को मौजूदा वर्ष में लागू सर्विस टैक्स तथा बैंकों की एडमिनिस्ट्रेटिव फीस के तौर पर 41 रुपये चुकाने होते हैं। केंद्र सरकार का दावा है कि मई, 2018 तक लगभग 19 करोड़ भारतीय इस योजना में शामिल हो चुके हैं। प्रधानमंत्री ने जिन दो अन्य योजनाओं की घोषणा की थी, वे प्रधानमंत्री सुरक्षा बीमा योजना और अटल पेंशन योजना हैं। अटल पेंशन योजना में निवेश करने से रिटायर होने के बाद आप हर माह पेंशन पाने के हकदार हो सकते हैं। इस योजना के तहत व्यक्ति की मृत्यु के बाद उसकी पत्नी और पत्नी के बाद उनके बच्चों को भी पेंशन मिलता रहेगा।

मुद्रा योजना

देश की लगातार बढ़ती आबादी के बीच बेरोजगारी ऐसी समस्या रही है, जिसने अधिकतर भारतीयों को परेशान कर रखा है। इसी समस्या से निपटने के उद्देश्य से नरेंद्र मोदी सरकार ने लोगों को स्वरोजगार की ओर मोड़ने का प्रयास किया, तथा युवाओं से अपना-अपना कारोबार स्थापित करने का आग्रह करते हुए मुद्रा योजना शुरू की, जिसके तहत सरकार की ओर से ऋण उपलब्ध कराया जाता है, ताकि लोग अपना व्यवसाय शुरू कर सकें या पहले से स्थापित व्यवसाय का विस्तार कर सकें। इस योजना को भी सरकार खासा कामयाब बताती है, और उसका दावा है कि मई, 2018 तक मुद्रा योजना के अंतर्गत 2,20,596 करोड़ ऋण वितरित किए गए हैं। इस योजना के तहत ऋण अवधि को 5 साल तक बढ़ाया जा सकता है। इसमें 50,000 से 10 लाख तक का लोन आप ले सकते हैं।

मृदा हेल्थ कार्ड योजना

देश में किसानों की समस्याएं लगातार बढ़ती नजर आ रही थीं, और आए दिन किसानों द्वारा खुदकुशी करने की खबरें बिल्कुल आम हो चुकी

थीं, जो अब तक थमी नहीं हैं। नरेंद्र मोदी सरकार ने उनकी समस्याओं का निराकरण करने के उद्देश्य से सॉयल हेल्थ कार्ड बनाने की घोषणा की, जिसके तहत मई, 2018 तक 13 करोड़ से भी अधिक सॉयल हेल्थ कार्ड बनाए गए। केंद्र सरकार का दावा है कि सॉयल हेल्थ कार्ड से किसानों को सीधा लाभ पहुँचेगा और वह इस कार्ड की मदद से न सिर्फ जमीन की उपजाऊ शक्ति को समझ पाएंगे, बल्कि यह भी जान पाएँगे कि उन्हें किस फसल के लिए कितना यूरिया और खाद खर्च करना पड़ेगा। सरकार का दावा है कि इस सॉयल हेल्थ कार्ड की मदद से किसानों को अपनी आय बढ़ाने में मदद मिलेगी। 2015 में शुरू हुई इस योजना के लिए 570 करोड़ रुपए की व्यवस्था की गई। यह रकम किसानों की जमीन की जाँच करने और फिर जाँच के बाद रिपोर्ट तैयार करने में की गई। इसी रकम के तहत किसानों का कार्ड भी तैयार किया गया। पहले चरण में 14 करोड़ किसानों को कार्ड दिया जा चुका है। पूरे राज्य में यह योजना लागू है। मिट्टी की उर्वरक क्षमता बढ़ाने के लिए 2018 में मृदा मैनेजमेंट प्रोग्राम की शुरूआत की गई। इस योजना का भी पूरा फायदा मोदी सरकार को मिला।

उजाला योजना

देश में लगातार बढ़ती आबादी के साथ-साथ बिजली की माँग भी बढ़ ही रही है, जिससे निपटने के लिए केंद्र सरकार ने जनता से आग्रह किया कि साधारण बल्बों, ट्यूबलाइटों तथा सीएफएल बल्बों के स्थान पर एलईडी बल्बों का इस्तेमाल किया जाए, ताकि बिजली की खपत को कम किया जा सके। यही नहीं, सरकार ने उजाला योजना के अंतर्गत सस्ती दरों पर एलईडी बल्ब भी उपलब्ध करवाए। नरेंद्र मोदी सरकार का दावा है कि उजाला योजना के तहत मई, 2018 तक 29,96,35,477 बल्ब लोगों में बाँटे गए हैं। मई 2015 में लाई गई इस योजना के शुरुआती वर्ष में 125 शहरों में ही लगभग 9 करोड़ एलईडी बल्ब वितरित किए गए इससे लगभग 550 करोड़ रुपए की प्रत्यक्ष बचत हुई। ईईएसएल बिजली मंत्रालय की संयुक्त उपक्रम कंपनी है, के अनुसार 2018 तक 30,72,34,251 बल्बों की बिक्री हुई इससे प्रति वर्ष 15,960 करोड़ रुपए की बचत हो रही। इसका सीधा लाभ देश की जनता को मिल रहा है।

भारत ब्रॉडबैंड नेटवर्क

अब इंटरनेट से शहरी भारतीय ही नहीं, बहुत–सा ग्रामीण हिस्सा भी नावाकिफ नहीं है, लेकिन इसके तकनीक का पूरा लाभ कल तक सारे ग्रामीण क्षेत्रों में नहीं पहुँच रहा था। देश के सभी गाँवों तक तकनीक का फायदा पहुँचाने के उद्देश्य से नरेंद्र मोदी सरकार ने ऑप्टिकल फाइबर के जरिये सारे देश में नेट–कनेक्टिविटी की व्यवस्था करने के लिए बीबीएनएल के माध्यम से काम शुरू किया। सरकार का कहना था कि गाँवों तक तकनीक का विस्तार होने से भ्रष्टाचार पर भी अंकुश लगाया जा सकेगा, और सभी देशवासियों तक सूचना का विस्तार भी सरल हो सकेगा। केंद्र सरकार का दावा है कि मई, 2018 तक देश के 1,15,703 गाँवों को इस योजना से जोड़ा जा चुका है। इस योजना से लाखों हजारों को रोजगार भी मिला है। 2018 तक देश के करीब 1.5 लाख ग्राम पंचायतों में ब्रॉडबैंड कनेक्टिविटी पहुँचा दी गई है। और सभी जगह हाई स्पीड इंटरनेट मुहैया कराया गया है। टेलिकॉम मंत्रालय के अनुसार 2019 तक पूरा गाँव इंटरनेट से जुड़ जाएगा। मोदी सरकार द्वारा इसके लिए दो चरणों में 20,431 करोड़ रुपए दिए जा चुके हैं।

दीनदयाल उपाध्याय ग्राम ज्योति योजना

आजादी के 70 साल से भी ज्यादा बीत चुके थे, लेकिन देश के कोने–कोने तक बिजली भी नहीं पहुँच पाई थी। इसी तस्वीर को बदलने के लिए प्रधानमंत्री नरेंद्र मोदी की सरकार ने कदम उठाया, और अब उनका दावा है कि मई, 2018 तक देश के ऐसे 18,374 गाँवों में बिजली पहुँचा दी गई है, जहाँ अब तक बिजली नहीं थी। इस योजना से सभी गाँव घरों का विद्युतीकरण किया जाएगा। इससे सबसे अधिक फायदा किसानों को हो रहा है। इस योजना से छोटे और घरेलू उद्यमों के व्यवसाय में वृद्धि होगी। इसके माध्यम से रोजगार के अवसर प्रदान हो रहे हैं। इस योजना पर 630 बिलियन रुपए खर्च किए जाएँगे।

देश की जनता को सरकार की इन्हीं योजनाओं का लाभ मिला। जिसे मोदी ने पूरा किया और देश की जनता ने दूसरी बार मोदी–सरकार को ही चुना।

3. गतिमान सरकार

प्रधानमंत्री नरेन्द्र मोदी की जिस एक विलक्षणता से सभी उनकी ओर आकर्षित होते हैं, वह है उनका उत्साह से भरा होना। वे लगन और निष्ठा से अपना कार्य करते हैं। भारत में लंबे समय के बाद सत्ता के शीर्ष पर बैठे किसी व्यक्ति ने कर्मठता की ऐसी प्रेरक मिसाल देश के सामने पेश की है। मोदी सरकार का मतलब है–'सबसे तेज गति से काम करना और समय से पहले कार्य पूरा कर लेने की इच्छाशक्ति।'

प्रधानमंत्री-आवास योजना–ग्रामीण

सरकार के प्रति जो पुरानी धारणा थी, उसके हिसाब से ये लगेगा ही नहीं कि प्रधानमंत्री-आवास योजना–ग्रामीण में जैसा घर लोगों को मिल रहा है, वह सरकार ने बनवाया है। गुजरात में इस योजना के तहत बने 1,15,551 घरों के सामूहिक ई-गृह-प्रवेश के दौरान जिस प्रकार की डिजाइन वाले घर लोगों को देखने को मिले, वह उनके लिए अविश्वसनीय था। कहने की जरूरत नहीं यह सब देश और गरीबों के प्रति प्रतिबद्धता दिखाने वाले प्रधानमंत्री मोदी के नेतृत्व के कारण संभव हुआ।

बिचौलिए खत्म

वीडियो कॉन्फ्रेंसिंग के जरिए हुए कार्यक्रम में जब राजकोट की लाभार्थी सुनीता बेन से प्रधानमंत्री मोदी ने पूछा कि मकान बनाने में किसी दलाल ने कोई पैसा तो नहीं खाया तो जवाब में उन्होंने कहा, 'नहीं।' उन्होंने यह भी बताया कि एक-एक पैसे उनके खाते में आए थे। यह नतीजा है सरकारी योजनाओं से बिचौलिए खत्म किए जाने का, जिससे अब रुपए के पूरे 100

पैसे लाभार्थियों के खाते में पहुँच रहे हैं। यही वजह है कि प्रधानमंत्री-आवास योजना के तहत लोगों ने अपनी पसंद के मुताबिक अपने घर बनवाए हैं। देश वह दौर भी देख चुका है, जब बिचौलियों की बंदरबांट के चलते रुपए में सिर्फ 15 पैसे लाभार्थियों तक पहुँच पाते थे।

केंद्रित और समयबद्ध लक्ष्य

प्रधानमंत्री नरेन्द्र मोदी अपने सरकार में देश के विकास के लिए जिस प्रकार से योजनाओं की लक्ष्य-केंद्रित रूपरेखाएँ खींचकर उन्हें आगे बढ़ाने में जुटे, उसने पूरे देश में एक नया विश्वास भरा है। लक्ष्य के साथ आगे बढ़ते हुए योजनाओं को समय पर पूरा करना इस सरकार के स्वभाव का हिस्सा बन चुका है।

मौजूदा सरकार ने 2022 तक आजादी के 75 वर्ष पूरे होने के मौके पर लक्ष्य रखा है कि देश में कोई भी ऐसा नहीं होगा, जिसके पास अपना घर नहीं होगा। इस लक्ष्य को हासिल करने के लिए सरकार ने पूरी रफ्तार भर रखी है।

प्रधानमंत्री-ग्रामीण सड़क-योजना

मोदी-सरकार पूर्व प्रधानमंत्री अटल बिहारी वाजपेयी के समय में बनी प्रधानमंत्री-ग्रामीण सड़क-योजना को समय-सीमा में पूरा करने के लिए प्रतिबद्ध है। इसके तहत देश के हर गाँव को मार्च, 2019 तक रोड कनेक्टिविटी प्रदान करना है। इस योजना की रफ्तार का पता इसी से चलता है कि 2014 में ग्रामीण क्षेत्रों में रोड कनेक्टिविटी 56 प्रतिशत थी, जो आज बढ़कर 82 प्रतिशत तक जा पहुँची है।

2013-14 में जहाँ 69 किलोमीटर प्रतिदिन की रफ्तार से सड़क बन रही थी, वह आज 134 किलोमीटर प्रतिदिन हो चुकी है। मौजूदा सरकार के पहले चार साल में ग्रामीण इलाकों में 1.69 लाख किलोमीटर सड़क का निर्माण कर लिया गया।

घर-घर बिजली

आजादी के 67 वर्ष बाद भी देश के करीब 18,000 गाँवों में बिजली

नहीं पहुँची थी। प्रधानमंत्री नरेन्द्र मोदी ने घोषणा की कि 1000 दिन के भीतर इन गाँवों में बिजली पहुँचाने का काम होगा। पूरे देश ने देखा कि इस कार्य को समय-सीमा से पहले ही पूरा कर लिया गया।

सौभाग्य-योजना के तहत अब घर-घर बिजली पहुँचाने का काम अपनी रफ्तार में है। इसके तहत मार्च, 2019 तक सभी घरों को बिजली उपलब्ध कराने का लक्ष्य रखा गया, लेकिन मोदी-सरकार लक्ष्य से पहले ही सभी घरों में बिजली पहुँचा देना चाहती है। इस योजना का फायदा उन लोगों को मिल रहा है, जो पैसों की कमी के चलते बिजली कनेक्शन नहीं ले पाए थे।

7.25 करोड़ से अधिक शौचालय

प्रधानमंत्री नरेन्द्र मोदी द्वारा शुरू किया गया 'स्वच्छ भारत अभियान' भी अपनी लक्ष्य-प्राप्ति की ओर है। इस अभियान के तहत वर्ष, 2019 में महात्मा गांधी की 150वीं जयंती तक पूरे देश को स्वच्छ बनाने का लक्ष्य रखा गया है। मौजूदा सरकार ने पिछले चार साल में स्वच्छता कवरेज को पूरी गति से बढ़ाया है।

मोदी-सरकार में अब तक 7.25 करोड़ से अधिक शौचालयों का निर्माण हो चुका है। देश के दो तिहाई से अधिक गांव खुले में शौच से मुक्त हो चुके हैं। गौर करने वाली बात है कि प्रधानमंत्री की घोषणा के अनुरूप देश के सभी सरकारी स्कूलों में शौचालयों के निर्माण के लक्ष्य को भी समय पर हासिल कर लिया गया था।

किसानों की आय होगी दोगुनी

प्रधानमंत्री मोदी ने 2022 तक देश के किसान भाई-बहनों की आय को दोगुना करने का लक्ष्य रखा है। इस लक्ष्य को हासिल करने के लिए सरकार ने क़ई प्रभावी कदम उठाए हैं, जिनमें सबसे नया है न्यूनतम समर्थन-मूल्य (एम.एस.पी.) को लागत का डेढ़ गुना करने का फैसला। कुछ फसलों के मामलों में तो इसे लागत के दोगुने तक भी किया गया है। हाल में नबार्ड की आई एक रिपोर्ट के अनुसार, मोदी-सरकार इसके लिए जिस प्रकार प्रयासों में जुटी है, उससे किसानों की आमदनी तय समय-सीमा से पहले भी दोगुनी हो सकती है। रिपोर्ट में यह उल्लेख किया गया है कि किसानों की सालाना

आय 12 प्रतिशत की रफ्तार से बढ़ रही है और अगर ये रफ्तार बनी रही तो लक्ष्य दूर नहीं।

एक जगमगाता कीर्तिमान्

लोकसभा-स्पीकर सुमित्रा महाजन ने संसद्-भवन-परिसर में दिल्ली की रहने वाली तकदीरन को प्रधानमंत्री उज्जवला योजना के तहत गैस कनेक्शन सौंपा। इसके साथ ही इस योजना में 5 करोड़ सिलेंडर दिए जाने का पहला लक्ष्य समय से आठ महीने पहले ही हासिल कर लिया गया। 1 मई, 2016 को उत्तर-प्रदेश के बलिया में लॉन्च की गई इस योजना के तहत मार्च, 2019 तक 5 करोड़ सिलेंडर वितरण का लक्ष्य रखा गया था। सरकार अब 2020 तक 8 करोड़ परिवारों को मुफ्त गैस कनेक्शन मुहैया कराने के लक्ष्य की ओर बढ़ रही है। यह योजना खाना पकाते समय निकलने वाले जानलेवा धुएँ से आजादी देकर देश की नारी-शक्ति के लिए बेहतर स्वास्थ्य को सुनिश्चित कर रही है।

4. युवा शक्ति को मोदी का सलाम

भारत दुनिया का सबसे युवा देश है। कुछ वर्ष पहले तक देश की युवा-शक्ति न सिर्फ उपेक्षित थी, बल्कि बहुत हद तक दिशाहीन भी थी। उनके मन में सबसे बड़ा सवाल अपने भविष्य को लेकर था। नरेन्द्र मोदी के प्रधानमंत्री बनने के बाद से युवाओं के हालात तेजी से बदले हैं। आज यदि जरूरत है तो सिर्फ और सिर्फ युवकों की इच्छाशक्ति की। लाखों-करोड़ों युवा आज अपना रास्ता खुद चुनने और उस पर आगे बढ़ने के लिए स्वतंत्र हैं। उनके सपने उड़ान पर हैं।

प्रधानमंत्री नरेन्द्र मोदी के नेतृत्व में केंद्र में बनी सरकार ने युवाओं पर विशेष फोकस किया है। देश के लिए युवा-शक्ति की भूमिका को प्रधानमंत्री ने पहचाना और राष्ट्र-निर्माण के लिए इस शक्ति को प्रेरित करने का काम किया। युवाओं को केंद्रित कर न सिर्फ कई योजनाएँ तैयार की गईं, बल्कि उन्हें जमीन पर लागू भी किया गया। इन प्रयासों का नतीजा यह रहा है कि देश की युवाशक्ति ने एक ऐसी गति पकड़ी है, जिससे 'न्यू इंडिया' की राह आसान बनती दिख रही है।

स्टैंड अप इंडिया

'स्टैंड अप इंडिया' योजना अनुसूचित जाति-जनजाति और महिलाओं के बीच उद्यमशीलता और रोजगार को बढ़ावा देने के मकसद से लॉन्च की गई थी। यानी यह मूल रूप से समाज के वंचित वर्गों को मदद देने वाली लोन स्कीम है। दो साल पहले लॉन्च हुई इस योजना के तहत 54,733 लोन मंजूर किए जा चुके हैं। 'स्टैंड अप इंडिया' के तहत मंजूर किए गए 58,592 आवेदनों के आधार पर 12,709 करोड़ रुपए के लोन मंजूर किए जा चुके

हैं। खास बात यह है कि इस योजना के तहत व्यापार शुरू करने पर पहले तीन साल तक इनकम-टैक्स से छूट का भी प्रावधान है।

स्टार्ट अप इंडिया

युवाओं के बीच उद्यमशीलता को बढ़ावा देने के लिए 16 जनवरी, 2016 को लॉन्च की गई इस योजना के तहत अब तक 9,036 'स्टार्ट अप' को मान्यता दी जा चुकी है। स्टार्ट अप अभियान की शुरुआत करते हुए प्रधानमंत्री ने युवाओं से आह्वान किया था कि वे जॉब सीकर नहीं, बल्कि जौब क्रिएटर बनें। इस योजना के तहत सन् 2025 तक 10,000 करोड़ रुपए का 'स्टार्ट अप' फंड जारी किया जाएगा। 'स्टार्ट अप' के तहत लोन निर्गत करने के लिए एक विशेष निर्देश है कि बैंक-शाखाएँ कम-से-कम एक दलित या आदिवासी और एक महिला-उद्यमी को ऋण प्रदान करके प्रोत्साहित करेंगी। इसके तहत टैक्स-छूट का भी प्रावधान है और सात आकलन वर्षों में से तीन वर्षों तक इनकम-टैक्स से राहत रहेगी।

मुद्रा-योजना

अपना कारोबार शुरू करने या करोबार को बढ़ावा देने के मकसद से इस योजना की शुरुआत की गई थी। इस ऋण के तहत शिशु, किशोर और तरुण तीन अलग-अलग कैटेगरी में 50 हजार से लेकर 10 लाख रुपए तक का ऋण देने का प्रावधान है। इसकी सबसे बड़ी विशेषता है, बिना गारंटी के ऋण मुहैया होना। वित्त-वर्ष 2017-18 के दौरान मुद्रा-योजना के तहत 2,20,596 करोड़ रुपए से अधिक के ऋण वितरित किए गए। 2015-16 और 2016-17 को मिलाकर 3,08,266 करोड़ रुपए के ऋण वितरित किए गए। इस योजना का लाभ अब तक करीब 12 करोड़ लोग उठा चुके हैं। 2018-19 में मुद्रा-योजना के तहत बजट-आवंटन को 20 प्रतिशत बढ़ाकर 3 लाख करोड़ रुपए किया जा चुका है। मुद्रा-योजना ने स्वरोजगार के साथ अन्य रोजगार के भी ढेर सारे अवसरों का निर्माण किया है।

प्रधानमंत्री कौशल-विकास-योजना

इस योजना के अंतर्गत देश के युवाओं को उनके हुनर के अनुसार विविध

कार्यक्षेत्रों में ट्रेनिंग देने की व्यवस्था है। जिससे रोजगार की भी प्राप्ति हो और आत्मविश्वास का भी निर्माण हो। प्रधानमंत्री कौशल-विकास-योजना के तहत देश-भर में 13,000 ट्रेनिंग सेंटर खोले गए, जहाँ 375 ट्रेडों में प्रशिक्षण दिया जाता है। इस योजना के तहत नई ट्रेनिंग के लाभार्थियों में 50 प्रतिशत महिलाएँ हैं। इसके साथ ही देश के हर जिले में मॉडल ट्रेनिंग सेंटर प्रधानमंत्री कौशल-केंद्र (पी.एम.के.के.) खोले जा रहे हैं। अब तक 27 राज्यों के 484 जिले और 406 संसदीय क्षेत्रों में 526 कौशल-केंद्रों को मंजूरी दी जा चुकी है, जिनमें से 415 संचालित भी हो रहे हैं।

अच्छी शिक्षा बेहतर अवसर

मोदी-सरकार का अच्छी शिक्षा और बेहतर अवसर दोनों पर जोर है। केंद्र-सरकार ने उच्चतर शैक्षणिक संस्थानों की सभी परीक्षाओं को संचालित करने के लिए नेशनल टेस्टिंग एजेंसी बनाई है। देश में एजुकेशन सिस्टम को मजबूती देने के लिए मानव-संसाधन-विकास-मंत्रालय की ओर से कई स्तर पर काम चल रहे हैं। शैक्षिणिक नेटवर्क की वैश्विक पहल। इसके साथ ही देश में 20 प्रख्यात संस्थान स्थापित किए जा रहे हैं। इसके अंतर्गत कुछ चिन्हित सार्वजनिक क्षेत्रों में संस्थानों को 10 हजार करोड़ रुपए की वित्तीय सहायता दी जाएगी। केंद्र-सरकार ने सभी आई.आई.एम. को स्वायत्तता देने के लिए कानून बनाया है। इसके साथ ही कुछ महीने पहले यू.जी.सी. ने एक ऐतिहासिक निर्णय लेते हुए शिक्षा के उच्च मानकों को पूरा करने वाले 60 उच्च शिक्षण-संस्थानों को भी स्वायत्तता देने का निर्णय लिया है।

रिसर्च को प्राथमिकता

मोदी-सरकार का रिसर्च पर भी विशेष बल है। 'अटल अन्नोवेशन मिशन' के तहत देश-भर में 2,400 से भी अधिक अटल टिंकरिंग लब को मान्यता दी गई है। सरकार ने स्वास्थ्य-संस्थानों के साथ-साथ सभी तरह के प्रमुख शैक्षक संस्थानों में जनरल और रिसर्च इन्फ्रास्ट्रक्चर को मजबूत करने के लिए निवेश को बढ़ावा देने का निर्णय लिया है। इसके लिए सरकार "रिवाइटलाइजिंग ऑफ इन्फ्रास्ट्रक्चर एंड सिस्टम इन एजुकेशन" यानी राइज के तहत 1 लाख करोड़ के निवेश की योजना पर काम कर रही है।

छात्रवृत्ति-योजना

केंद्र-सरकार की राष्ट्रीय माध्यम-सह-मेरिट छात्रवृत्ति योजना के अंतर्गत 2014-15 से 2016-17 तक 3.81 लाख छात्रवृत्तियों को मंजूरी दी गई। वित्त-वर्ष 2017-18 के दौरान 4.13 लाख से अधिक छात्रवृत्तियों को मंजूर किया गया। वहीं प्रोत्साहन की राष्ट्रीय योजना बालिका माध्यमिक शिक्षा के तहत 2014-15 में 9.71 लाख छात्राओं को प्रोत्साहन-राशि दी गई, जबकि 2017-18 में 9.73 लाख से अधिक छात्राओं को इसका लाभ मिला। ए.आई. सी.टी.इ. के आँकड़ों के मुताबिक, एमटेक के जी.ए.टी.इ. क्वालिफाइड 11,862 स्टूडेंट्स के लिए करीब 292.50 करोड़ रुपए जारी किए गए। पिछले तीन वर्षों को जोड़ें तो यह रकम 1,076 करोड़ रुपए की है।

ई-मेल-योजना

इस योजना के तहत युवाओं के बीच उद्यमशीलता को बढ़ावा देना है, जिसमें ई-लर्निंग और क्लास-रूम टीचिंग पर फोकस है। ई-मेल वास्तविक जीवन में आने वाली परिस्थितियों से निपटने की क्षमता का विकास करने के लिए युवाओं की मदद करने हेतु बनाया गया है। इस योजना में जितने भी संस्थान और छात्र शामिल होते हैं, उनके लिए देश-भर में 55 रीजनल/ नोडल हब के नेटवर्क के सहारे मदद की व्यवस्था है।

'खेलो इंडिया'

खेल-जगत् में भारत एक ताकत बने, इसके लिए अपने देश में खेले जाने वाले सभी खेलों के लिए एक मजबूत फ्रेम तैयार किया जा रहा है। खिलाड़ियों के प्रदर्शन में किसी भी प्रकार की कमी न रहे, इसके लिए विभिन्न स्तरों पर प्राथमिक खेल-विधाओं में चिन्हित किए गए प्रतिभाशाली खिलाड़ियों को 8 वर्षों तक 5 लाख रुपए सालाना की वित्तीय सहायता प्रदान करने का भी प्रावधान किया गया है। 2017-18 से 2019-20 तक के लिए लगभग 1,756 करोड़ रुपए की वित्तीय राशि को मंजूरी दी जा चुकी है।

देश में खेलों के लिए पहली बार एक सकारात्मक और उत्साहजनक माहौल तैयार हो रहा है। इसका अंदाजा गोल्ड कोस्ट में हुए कॉमनवेल्थ खेलों में भारत के प्रदर्शन से लगता है। यहाँ भारत 26 गोल्ड, 20 सिल्वर और

20 ब्रॉन्ज के साथ कुल 66 पदक जीतकर पदक-तालिका में तीसरे स्थान पर रहा। 2018 के एशियाई खेलों में भी भारत का प्रदर्शन पहले से बेहतर रहा। प्रधानमंत्री नरेन्द्र मोदी कहते हैं, 'खेलो इंडिया' सिर्फ पदक जीतने का मसला नहीं है, यह खेल को बढ़ावा देने के लिए एक जन-आंदोलन है।'

प्रधानमंत्री मोदी को आज पूरी दुनिया एक ग्लोबल लीडर के तौर पर जानती है। श्री मोदी की विदेश-नीति हो या देश के भीतर किए गए क्रांतिकारी बदलाव, हर मोर्चे पर उनकी नीतियों ने जन-सामान्य तक अपनी पैठ बनाई है। लेकिन रोजगार को लेकर जो आँकड़े सामने आए हैं, उसने भी दुनिया के लिए नजीर पेश की हैं। रेलवे में चाहे दुनिया की सबसे बड़ी सरकारी भर्ती का वर्ल्ड रिकॉर्ड हो या फिर 'मुद्रा-योजना', 'स्टार्ट अप' और 'स्किल इंडिया'-जैसे कार्यक्रम के तहत करोड़ों लोगों को रोजगार देना हो, मोदी-सरकार की नीतियाँ युवाओं के लिए किसी वरदान से कम नहीं हैं।

रोजगार के बढ़े अवसर

भारत में रोजगार देने के मामले में जो सरकारी आंकड़ें, रिसर्च और सर्वे प्राप्त हुए हैं, उससे चौंकाने वाली जानकारी हासिल हुई है। मोदी सरकार की सिर्फ एक योजना मुद्रा लोन से 3 वर्षों में 13 करोड़ लोगों को रोजगार मिला।

8 अप्रैल, 2015 को शुरू की गई मुद्रा लोन योजना आज देश में सवा सौ करोड़ देशवासियों के लिए रोजगार ही नहीं, बल्कि आत्मविश्वास भी लेकर आया है। इस योजना के तहत सरकार ने 5 लाख करोड़ रुपए से ज्यादा का लोन दिया है। इसमें 55 प्रतिशत से ज्यादा लाभार्थी अनुसूचित जाती-जनजाति तथा पिछड़े वर्ग से हैं। खास बात ये है कि 13 करोड़ लोगों में से 28 प्रतिशत यानी सवा तीन करोड़ लोग ऐसे हैं, जिन्होंने पहली बार लोन लिया है। इस संदर्भ में एक और विशेष बात यह है कि इनमें से 75 प्रतिशत यानी 9 करोड़ लाभार्थी महिलाएँ हैं।

22 मई, 2018 को नीति आयोग द्वारा जारी आंकड़े मोदी सरकार द्वारा रोजगार दिए जाने की स्पष्ट तस्वीर पेश करते हैं। कर्मचारी भविष्य निधि संगठन यानी ई.पी.एफ.ओ. के अनुसार पिछले सात महीने में देश में 39.36 लाख नए लोगों के लिए रोजगार के अवसर पैदा हुए हैं। ई.पी.एफ.ओ. के अनुसार सिर्फ मार्च, 2018 में ही नए रोजगार के 6.13 लाख मौके बने। फरवरी में

नए रोजगार के 5.89 लाख अवसर पैदा हुए थे। रोजगार के ये आंकड़े सभी आयु वर्ग के हिसाब से पी.एफ. खाते में योगदान करने वाले सदस्यों के हैं।

नेस्कॉम के अनुसार भारत में आईटी कंपनियों में 39 लाख लोग वर्तमान में काम कर रहे हैं। इसी वर्ष भी एक लाख और लोगों को रोजगार के अवसर मिलेंगे, जिससे यह आंकड़ा 40 लाख हो जाएगा। नेस्कॉम का अनुमान है कि 2025 तक देश में आई.टी.-क्षेत्र का कारोबार 350 करोड़ डॉलर का होगा और जिसमें 25 से 30 लाख और अधिक नौकरियों के अवसर पैदा होंगे।

डिजिटल इंडिया से युवाओं के लिए रोजगार के नए अवसर पैदा हुए हैं। इस समय देश में 1 लाख 83 हजार ग्राम पंचायतों तक डिजिटल सेवाएँ उपलब्ध हैं। इन सेवाओं में बैंकिंग, बीमा, पेंशन, स्वास्थ्य, शिक्षा, स्किल डेवलपमेंट और आधार-आधारित दूसरी सुविधाएँ भी शामिल हैं। इन केंद्रों में से 52 हजार केंद्र महिला-उद्यमियों द्वारा संचालित हो रहे हैं और वहाँ 10 लाख लोगों के लिए रोजगार के अवसर पैदा हुए हैं।

स्किल डेवलपमेंट मिशन

15 जुलाई, 2015 को शुरू की गई मोदी सरकार की महत्त्वाकांक्षी परियोजना स्किल डेवलपमेंट मिशन ने युवाओं की किस्मत बदलने का काम किया है। कौशल विकास और उद्यमिता मंत्रालय के अंतर्गत पिछले वर्ष तक ही 2.5 करोड़ युवा प्रशिक्षण प्राप्त कर चुके थे, जिनमें से एक करोड़ तो अकेले 2017 में ही प्रशिक्षित हुए थे। स्किल डेवलपमेंट के लिए युवाओं को घर से अधिक दूर नहीं जाना पड़े इसके लिए सरकार ने पिछले वर्ष तक 27 राज्यों के 484 जिलों में 527 प्रधानमंत्री कौशल केंद्र बनाए। जो युवा लॉन्ग टर्म ट्रेनिंग करना चाहते हैं, उनके लिए उनके आवश्यकता के अनुरूप भी व्यवस्था की गई है।

13,912 आई.टी.आई.

पिछले वर्ष तक कुल 13,912 आई.टी.आई स्थापित की गई। मात्र पिछले वर्ष ही इनकी कुल क्षमता 77,040 बढ़ाकर कुल 22.82 लाख कर दी गई। पिछले वर्ष अकेले आई.टी.आई. इको-सिस्टम से 12.12 लाख युवाओं को प्रशिक्षण का अवसर मिला। सरकार ने अब इस स्कीम की सफलता को देखते हुए 2020 तक 1 करोड़ युवाओं के कौशल विकास का लक्ष्य रखा

है। साथ ही सरकार इसमें 12 हजार करोड़ रुपये का निवेश करेगी।

भारत में दुनिया का बहुत बड़ा स्टार्ट अप इकोसिस्टम विकसित हो चुका है। 28 राज्यों और 6 केंद्र शासित प्रदेशों के करीब 419 जिलों में 9,750 स्टार्ट अप पंजीकृत हुए हैं। सर्वे के मुताबिक एक स्टार्ट अप में औसतन 12 लोगों को रोजगार मिलते हैं। यानी 1 लाख 17 हजार लोगों को प्रत्यक्ष रोजगार मिला है। 2013-14 में लगभग 68,000 ट्रेड मार्क रजिस्टर होते थे, लेकिन चार साल में ही अब ये आंकड़ा ढाई लाख से भी ऊपर पहुँच गया है। स्टार्ट अप के तहत पेटेंट रजिस्ट्रेशन पूर्व के प्रति-वर्ष चार हजार की तुलना में अब 11,500 पेटेंट रजिस्टर हो रहे हैं। गौरतलब है कि चार साल पहले भारत में मोबाइल फोन बनाने वाली सिर्फ दो फैक्ट्रियाँ थीं, आज 120 फैक्ट्रियाँ मोबाइल बना रही हैं। विशेष बात यह है कि 45 प्रतिशत स्टार्ट अप महिलाओं द्वारा शुरू किए गए हैं।

सरकारी नौकरी देने में रिकॉर्ड!

रोजगार के क्षेत्र में बेहतरीन काम कर रही मोदी सरकार अब सरकारी नौकरी देने में भी दुनिया का सबसे बड़ा रिकॉर्ड बनाने जा रही है। भारतीय रेलवे ने दुनिया की सबसे बड़ी भर्ती करने का ऑफर निकाला है। इसके तहत करीब 1 लाख, युवाओं को सरकारी नौकरी देने का कार्य प्रगति पर है। इसमें ग्रुप डी, ग्रुप सी (टेक्नीशियन एवं असिस्टेंट लोको पायलट) के अलावा आर.पी.एफ. (रेलवे प्रोटेक्शन फोर्स) और आर.पी.एस.एफ. (रेलवे प्रोटेक्शन स्पेशल फोर्स) के रिक्त पद शामिल हैं।

नेशनल इन्सटिट्यूट ऑफ पब्लिक फाइनेंस एंड पॉलिसी के एक स्टडी के अनुसार, ग्रामीण आवास-योजना ग्रामीण इलाकों में अकुशल और कुशल मजदूरों के लिए रोजगार के बड़े अवसर लेकर आया है। 12 जून, 2018 तक के आंकड़ों के अनुसार दो साल में 52 करोड़ श्रम-दिवस के रोजगार सृजित हुए हैं। इनमें से 20.85 करोड़ व्यक्ति कुशल और अकुशल श्रम के लिए 31.62 करोड़ व्यक्ति हैं। गौरतलब है कि प्रधानमंत्री आवास योजना (ग्रामीण) 2016 में शुरू की गई थी।

प्रधानमंत्री मोदी की सरकार बनने के बाद से देश में राजमार्गों के निर्माण कार्यों में तेजी आई है। आज राजमार्ग के साथ-साथ रोजगार के भी अवसरों की भरमार है। 83 हजार किलोमीटर के राजमार्गों के निर्माण और चौड़ीकरण

की योजना को लागू करने के लिए 7 लाख करोड़ रुपये की योजना को मंजूरी दी गई है। इस योजना के साथ 15 करोड़ श्रम-दिवसों का रोजगार युवाओं को मिलेगा।

दीन दयाल ग्रामीण कौशल्य योजना में 7 लाख 88 हजार लोगों को प्रशिक्षित करने के लक्ष्य के तहत 5 लाख 70 हजार लोगों को प्रशिक्षित किया जा चुका है। इनमें से 3 लाख 48 हजार से अधिक लोगों को रोजगार उपलब्ध कराया जा चुका है।

पर्यटन-क्षेत्र में रोजगार

सत्ता संभालने के बाद से ही मोदी सरकार ने पर्यटन पर फोकस किया। इसका परिणाम है कि केपीएमजी की टूरिज्म सेक्टर पर 'एक्सपेडिशन 3.0: ट्रेवल एंड होस्पिटलिटी गोन डिजीटल' शीर्षक वाली रिपोर्ट के अनुसार भारत में 2017 में ट्रैवल और टूरिज्म सेक्टर में 2 करोड़ 59 लाख रोजगार के अवसर मिले हैं। इतना ही नहीं टूरिज्म सेक्टर ने जीडीपी में 141.1 बिलियन का योगदान दिया है। फरवरी, 2017 की तुलना में फरवरी, 2018 के दौरान विदेशी पर्यटकों के आगमन में 10.1 प्रतिशत का इजाफा हुआ है।

मेक इन इंडिया

देश की अर्थव्यवस्था को मजबूत करने और युवाओं को रोजगार उपलब्ध कराने के लिए प्रधानमंत्री नरेन्द्र मोदी ने 25 सितंबर, 2014 को 'मेक इन इंडिया' योजना की शुरुआत की थी। यही वह योजना है जो रोजगार के क्षेत्र में क्रांति लाने की ताकत रखती है। 'मेक इन इंडिया' के जरिए 2020 तक 10 करोड़ नए रोजगार के अवसर पैदा करने का लक्ष्य है।

कॉन्फेडरेशन ऑफ इंडियन इंडस्ट्रीज (सी.आई.आई.) और ग्लोबल मैनेजमेंट कंसल्टिंग कंपनी बोस्टन कन्सल्टिंग (बी.सी.जी.) की रिपोर्ट से यह अनुमान सामने आया है कि आने वाले पाँच वर्षों में भारत की मीडिया और एंटरटेनमेंट इंडस्ट्री में सात से आठ लाख नौकरियाँ निकलने जा रही हैं। रिपोर्ट के मुताबिक ग्रामीण क्षेत्रों में मीडिया और मनोरंजन की सामग्रियों को लेकर रुझान काफी बढ़ा है जिसके चलते इस सेक्टर में रोजगार के अवसर काफी बढ़ने वाले हैं।

5. स्वच्छाग्रही देश बना भारत

प्रधानमंत्री नरेन्द्र मोदी ने महात्मा गांधी के जन्मदिन 2 अक्टूबर, 2014 के मौके पर महत्वाकांक्षी योजना स्वच्छ भारत अभियान की शुरुआत की। इस अभियान की शुरुआत के साथ लक्ष्य तय कर दिया गया था कि 2 अक्टूबर, 2019 जो महात्मा गांधी की 150वीं जयंती है, तब तक देश को खुले में शौच मुक्त और स्वच्छ बनाना है। मोदी-सरकार ने स्वच्छ भारत मिशन के तहत 5 साल में 1.2 करोड़ टॉयलेट्स बनाने का लक्ष्य रखा। आपको बता दें कि यह विश्व का सबसे बड़ा अभियान माना जा रहा है। नई दिल्ली के राजपथ पर स्वच्छ भारत अभियान की शुरुआत करते हुए कहा, 'भारत को स्वच्छ बनाने का काम किसी एक व्यक्ति या अकेले सरकार का नहीं है, यह काम तो देश के 125 करोड़ लोगों द्वारा किया जाना है। लोगों को ठान लेना चाहिए कि वह 'न गंदगी करेंगे न करने देंगे।' उन्होंने कहा कि महात्मा गांधी ने जिस भारत का सपना देखा, उसमें सिर्फ राजनैतिक आजादी ही नहीं, बल्कि एक स्वच्छ एवं विकसित देश की कल्पना भी थी। उन्होंने यहाँ तक कह दिया कि 'पहले शौचालय फिर देवालय।' मोदी की इन बातों का जादू लोगों के सर चढ़कर बोलने लगा।

राजपथ पर हजारों की संख्या में आए लोगों को उन्होंने स्वच्छता की शपथ दिलाई। देश की जानी मानी हस्तियों को उन्होंने स्वच्छता का ब्रांड एंबेसडर बनाया। इस अवसर पर उन्होंने स्वच्छता पर केंद्रित लोगों और स्लोगन के लिए महाराष्ट्र के अनंत खासबरदार और गुजरात की भाग्यश्री को सम्मानित किया। अनंत ने गांधी के चश्मे का लोगो बनाया तो भाग्यश्री का स्लोगन था 'एक कदम स्वच्छता की ओर।' दिल्ली में मोदी ने झाड़ू उठाया और बनारस में फावड़ा। नतीजा आज सामने है। स्वच्छता दिखने लगी है।

स्वच्छता को लेकर मोदी का कहना है–देशवासियों की मूल प्रकृति स्वच्छता को पसंद करने की है, लेकिन जब करने की बारी आती है तो प्रश्न उठ खड़ा होता है कि यह दायित्व किसका है? प्रधानमंत्री के ही शब्दों में, 'अगर 1000 महात्मा गांधी आ जाएं, एक लाख मोदी मिल जाएं, सभी मुख्यमंत्री मिल जाएं, सभी सरकारें भी मिल जाएं तो भी स्वच्छता का सपना नहीं पूरा हो सकता। लेकिन अगर सवा सौ करोड़ देशवासी मिल जाएं तो स्वच्छता का सपना पूरा होकर रहेगा।' प्रधानमंत्री मोदी ने जिस तरह स्वच्छता के मुद्दे को उठाया है, उसकी सराहना अंतरराष्ट्रीय स्तर पर भी हुई है, खासतौर पर संयुक्त राष्ट्र ने इसे विश्व में स्वच्छता का सबसे बड़ा अभियान माना है।

प्रधानमंत्री नरेन्द्र मोदी की यह पहले दिन से कोशिश है कि स्वच्छता मिशन एक सरकार कार्यक्रम–भर बनकर न रह जाए। वे इस बात को आरंभ से समझते रहे हैं कि स्वच्छ भारत का संकल्प तभी पूरा होगा, जब सरकार और समाज का साझा पुरुषार्थ प्रकट होगा। इसीलिए प्रधानमंत्री ने कहा, 'अगर समाज की शक्ति को स्वीकार करके चलें, जन–भागीदारी को साथ लेकर चलें, सरकार की भागीदारी को कम करके चलें, तो स्वच्छता का आंदोलन तमाम रुकावटों के बाद भी सफल होकर रहेगा।' वैसे अब तक भारत स्वच्छता की दिशा में जितना आगे बढ़ चुका है, वह संतोषजनक है और इस मिशन की पूर्ण सफलता का भरोसा जगाता है। इस बात को प्रधानमंत्री ने भी स्वीकार करते हुए कहा है–'अब यह अभियान न बापू का है और न ही सरकारों का है। आज स्वच्छता–अभियान देश के सामान्य मानव का अपना सपना बन चुका है। अब तक जो भी सिद्धि मिली है, वह सरकार की सिद्धि नहीं है। अगर सिद्धि मिली है तो यह स्वच्छाग्रही देशवासियों की सिद्धि है।' उन्होंने कहा कि 'बापू के स्वराज का शस्त्र था सत्याग्रह। श्रेष्ठ भारत का शस्त्र है स्वच्छाग्रह। स्वराज के केंद्र में सत्याग्रही थे और स्वच्छाग्रह के केंद्र में स्वच्छाग्रही हैं।'

स्वच्छता की रैंकिंग के चलते नेताओं एवं अफसरों पर समाज का सकारात्मक दबाव पड़ रहा है। आज घर–घर के छोटे बच्चे स्वच्छता के सबसे बड़े एंबेसडर बन गए हैं। वह घर में ही गंदगी देखने पर बड़ों को टोकने लगे हैं, जिससे लोगों के स्वभाव में परिवर्तन आने लगा है। प्रधानमंत्री

मोदी के शब्दों में, 'स्वच्छता के प्रति लोगों की सोच में बड़ा बदलाव आया है। पहले स्कूलों में बच्चों से सफाई का काम देखकर लोग भड़क जाते थे, लेकिन आज बच्चे स्कूल में स्वच्छता से जुड़ते हैं तो टिवी की बड़ी खबर बन जाती है।' मोदी ने स्वच्छता के प्रति जागरूकता बढ़ाने के लिए मीडिया की भी जमकर सराहना की।

सरकारी आँकड़ों के अनुसार, 85 प्रतिशत से अधिक लोग अब शौचालयों का उपयोग कर रहे हैं। पेयजल और स्वच्छता-मंत्रालय के सचिव, परमेश्वरम अय्यर के मुताबिक, भारत-सरकार 'स्वच्छ भारत अभियान' को लेकर बेहद गंभीर है। सरकार किसी भी कीमत पर इसमें सफलता हासिल करना चाहती है। सरकार के सभी मंत्रालयों को यह आदेश दिया गया है कि वह हर महीने में एक बार कार्यालय में सफाई-अभियान के तहत साफ-सफाई करें। सरकार 2019 तक भारत को खुले में शौच से मुक्त करना चाहती है। थर्ड पार्टी-सर्वेक्षण के हवाले से उन्होंने दावा किया कि 91 प्रतिशत लोग शौचालय का उपयोग कर रहे हैं। पानी की कमी को मानते हुए उन्होंने खुले में शौच से मुक्त (ओडीएफ) गाँवों को पानी मुहैया कराने में प्राथमिकता देने की बात कही है।

लोगों को प्रेरित करने के लिए पी.एम. मोदी ने खुद झाड़ू लगाकर, कुदाल चलाकर इस मिशन को सफल बनाने का आह्वान किया। लोगों को स्वच्छता चैलेंज दिया गया। सरकार का लक्ष्य ग्रामीण भारत में 1.96 लाख करोड़ रुपए की अनुमानित लागत से देशभर में 1.2 करोड़ शौचालयों का निर्माण करके खुले में शौच मुक्त भारत (ओडीएफ) को हासिल करना है।

इस अभियान के कुछ महत्त्वपूर्ण उद्देश्य हैं। सबसे पहले हर घर में शौचालय बनाकर खुले में शौच की व्यवस्था को जड़ से उखाड़ना। कमाऊँ शौचालय को फ्लश शौचालय में बदलकर सर पर मैला ढोने की प्रथा पर पूर्णत: अंकुश लगाना। जहाँ शौचालय बन रहे हैं वहाँ जागरूकता अभियान चलाना ताकि लोग उसका इस्तेमाल कर सकें। स्वच्छ और स्वस्थ आदतों को बढ़ावा देना। वैज्ञानिक तरीकों से ठोस और तरल कचरा प्रबंधन में सुधार लाना।

सरकार ने इसके लिए कमर कस ली है। सरकार के सभी मंत्रालयों ने स्वच्छता पखवाड़ा मनाना शुरू कर दिया। स्कूल, कॉलेज, गैर-सरकारी संस्थाओं द्वारा स्वच्छता पखवाड़ा के माध्यम से लोगों को जागरूक किया

जाने लगा। 'स्वच्छता समीक्षा' के लिए आनलाइन निगरानी रखी जाने लगी। स्वच्छता पखवाड़ा मनाने के बाद मंत्रालय या विभाग संचार माध्यम से यह बताने लगे इस महीने स्वच्छता के क्षेत्र में हमने क्या किया। स्वच्छता एक्शन प्लान के कार्यान्वयन की निगरानी के लिए एक वेबसाइट बनाया गया। इस अभियान ने देश में स्वच्छता को लेकर बहुत बड़ा बदलाव किया है। लोग इस दिशा में सोचने को मजबूर हुए हैं। सरकारी आकड़ों को देखें तो स्वच्छता को लेकर माहौल 39 प्रतिशत से बढ़कर 67 प्रतिशत तक जा पहुँचा है। लोग अब शौचालय का इस्तेमाल करने लगे हैं। 2018 तक दस राज्य खुले में शौच से मुक्त हो गए हैं। इसी साल के अंत तक तीन लाख गाँवों के हर घर में शौचालय बनाए गए। सरकार का मानना है कि शौचालय बनाने का 96.25 प्रतिशत काम पूरा हो चुका है।

प्रधानमंत्री मोदी के इस मिशन से देश के 78.98 प्रतिशत क्षेत्र पर शौचालयों का विस्तार हुआ। 31 मार्च, 2018 तक के आँकड़े बताते हैं कि देश के 266 जिलों के 3 लाख 40 हजार गाँवों में, 6.8 करोड़ शौचालयों का निर्माण केंद्र सरकार के स्वच्छता अभियान के तहत किया जा चुका है।

खुले में शौच से मुक्त होता भारत। आँकड़ों के मुताबिक 'स्वच्छ भारत अभियान' के तहत बनाए जाने वाले शौचालयों से न केवल देश में स्वच्छता आई है बल्कि लोगों के व्यवहार में भी परिवर्तन आने लगा है। लोगों का खुले में शौच जाना भी बंद हो गया। 31 मार्च, 2018 तक के आँकड़ों के मुताबिक देश में 2,477 शहरों में खुले में शौच से मुक्ति हो चुकी है। शहरों में 46,36,158 व्यक्तिगत और 3,60,064 सामुदायिक शौचालय बने हैं।

सरकार द्वारा 2016 में चलाए गए अभियान–'स्वच्छ स्वस्थ सर्वत्र' से भी देश को फायदा पहुँचा है। यह अभियान मानव संसाधन विकास और पेयजल तथा स्वच्छता मंत्रालय ने संयुक्त रूप से चला रखा है। इसके तहत प्रत्येक जिले के एक प्राथमिक स्वास्थ्य केंद्र को स्वच्छता की गुणवत्ता मानक पूरे करने के लिए पुरस्कार दिया जाएगा। इस अभियान के कारण आज स्वास्थ्य कर्मचारियों के संकल्प और समर्पण की सराहना हो रही है। स्वच्छता को लेकर आज स्वास्थ्य केंद्र लोगों को जागरूक बना रहे हैं।

'स्वच्छ भारत अभियान' के तहत ही 'नमामि गंगे योजना' जिसका अधिकारिक नाम 'एकीकृत गंगा संरक्षण मिशन' परियोजना को शुरू किया

गया। केंद्रीय जल संसाधन मंत्रालय की ओर से 2037 करोड़ रुपए की इस परियोजना का एक मात्र उद्देश्य गंगा और गंगा के किनारे बसे लोगों को स्वच्छ करना है। 2014 में शुरू की गई इस योजना की अवधि 18 साल है। शुरुआती स्तर पर नदी की ऊपरी सतह की सफाई से लेकर पानी में बहते ठोस कचरे की समस्या पर कार्य शुरू किए गए। ठोस और तरल अपशिष्ट प्रबंधन के साथ-साथ गंगा किनारे बसे गाँवों को खुले में शौच से मुक्त बनाना भी है। 2018 तक लगभग 4,500 गाँवों में से 4,000 से अधिक गाँवों को ओडीएफ किया जा चुका है। साथ ही साथ ओडीएफ की गुणवत्ता का सत्यापन भी किया जा रहा है। नमामि गंगे से शुरू होकर, हरिद्वार, कानपुर, प्रयागराज, बनारस, गाजीपुर, बलिया और बिहार में 4 और बंगाल में 6 जगहों पर पुराने घाटों का जीर्णोद्धार, नए घाटों का निर्माण, चेंजिंग रूम शौचालय, बैठने की जगह, सीवेज ट्रीटमेंट प्लांट, ऑक्सीडेशन प्लांट, बायोरेमेडेशन प्रक्रिया से पानी के शोधन का काम किया जा रहा है।

भारत के पाँच राज्य–उत्तराखंड, उत्तर-प्रदेश, बिहार, झारखंड और पश्चिम बंगाल गंगा नदी के पथ में आते हैं। इसके अलावा सहायक नदियों के कारण यह हिमाचल, राजस्थान, हरियाणा, छत्तीसगढ़ और दिल्ली के कुछ हिस्सों को भी अपने से जोड़ती है, ऐसे में नमामि गंगे परियोजना इन क्षेत्रों को भी अपने अंतर्गत लेती है। इस परियोजना का एक प्रमुख उद्देश्य पर्यटन का विकास करना है ताकि इस परियोजना के लिए धन जुटाया जा सके।

जब मोदी प्रधानमंत्री बन कर आए उस समय स्कूलों में सेनिटेशन की स्थिति बदतर थी। खासकर सरकारी और ग्रामीण क्षेत्र के स्कूलों की। कई स्कूलों में तो टॉयलेट थे ही नहीं। और जो थे वे इस्तेमाल करने लायक नहीं थे। स्कूलों में टॉयलेट नहीं होने के कारण लड़कियाँ ड्रॉप आउट हो रही थीं। 2014 में लाल किले से मोदी ने कहा कि देश के सभी स्कूलों में टॉयलेट होना जरूरी है। खासकर लड़कियों के लिए अलग शौचालय बनाए जाने चाहिएं। ऐसा नहीं करने से 'बेटी बचाओ बेटी पढ़ाओ' योजना का सपना अधूरा रह जाएगा। स्वच्छता तथा सेनिटेशन की व्यवस्था को मूर्त रूप देने के लिए भारत के सभी स्कूलों में शौचालय निर्माण को सुनिश्चित कर इसे 'स्वच्छ भारत अभियान' से जोड़ा गया। आज भारत से सभी सरकारी, गैर-सरकारी स्कूलों में शौचालय के साथ-साथ पानी की व्यवस्था कर दी गई है। लड़कियों के

लिए स्कूल में सैनेटरी नैपकीन की व्यवस्था की जा रही है। शौचालयों में सभी प्रसाधन उपलब्ध हैं। इस अभियान का सबसे अधिक प्रभाव स्कूलों में ही देखने को मिल रहा है। आज बच्चे और शिक्षक मिलकर स्कूल का शौचालय एवं प्रांगण साफ कर रहे हैं। निबंध, वाद-विवाद, पेंटिंग, पोस्टर एवं स्लोगन की प्रतियोगिता के माध्यम से बच्चों में जागरूकता लाई जा रही है, कई स्कूलों में बाल मंत्रिमंडल निगरानी दल है जो सफाई अभियान की निगरानी करता है। इस तरह स्कूलों में सेनिटेशन देखने को मिल रहा है।

किसी भी शहर की स्वच्छता का अनुमान वहाँ के बस अड्डों और रेलवे स्टेशनों से लगाया जा सकता है। जो आमतौर पर गंदगी से भरे होते थे। गंदगी और बदबू से नाक-मुँह सिकोड़ते यात्रियों को उस समय बड़ी राहत मिली जब रेल-मंत्री सुरेश प्रभु ने रेल और रेलवे स्टेशनों को 'स्वच्छ भारत अभियान' से जोड़ते हुए स्वच्छता की रेल चलाने की घोषणा की। उन्होंने कहा कि 'स्वच्छ रेल से ही स्वच्छ भारत की कल्पना हो सकती है।' इस पर अमल करते हुए रेलवे ने पर्यावरण एवं हाउस कीपिंग निदेशालय गठित कर दिया गया। मोदी-सरकार का हर मंत्रालय इन दिनों मोदी की कार्यशैली के अनुसार ही काम कर रहा है। साफ-सफाई के कार्य को एक विशेषता कार्य के रूप में शुरू किया गया। इसके लिए पेशेवर एजेंसियों की सेवाएँ ली जा रही हैं और साथ ही साथ रेलवे कर्मचारियों को साफ-सफाई की नवीनतम पद्धतियों का प्रशिक्षण दिया जा रहा है। रेलवे के बड़े कोचिंग टर्मिनलों के समीप अपशिष्ट पदार्थों का निपटारा किया जा रहा है। 2018 तक रेलवे स्टेशनों पर एक हजार से अधिक शौचालयों का निर्माण किया। अभी तक भारतीय रेल के 14,639 कोच के 56,087 बायो टॉयलेट सीट लगाए जा चुके हैं और शेष पर काम चल रहा है। 2018 तक सभी ट्रेनों के 1,000 डिब्बों में बॉयो वैक्यूम टॉयलेट बनाए गए और 3,000 पर काम चल रहा है। रेलवे ट्रैक की सफाई का रोजाना काम चल रहा है हर रोज ट्रैक से करीब 3 लाख बैग कचरा निकाला जा रहा है। जैव शौचालयों का प्रावधान किया जा रहा है। पाँच हजार सवारी डिब्बों में डस्टबीन लगा दिए गए हैं। अब लोगों को साफ-सुथरे चादर और कंबल मिले इसके लिए मैकेनाइज्ड लॉन्ड्री बनाई जा रही है। डिस्पोजल बिस्तर तक बनाए जा रहे हैं।

यह सही है कि हमको अपनी प्रवृति बदलने में समय लगता था, लेकिन

अगर हम सभी पर गंदगी और प्रदूषण नहीं फैलाने का जुनून हो तो ही हम सच्चे देशवासी कहलाएँगे। कल तक जिस ट्रेन में एक बच्चे के आने का हम इंतजार करते थे कि वह आएगा और झाड़ू लगाएगा। आज वह बच्चा नहीं दिखता है ट्रेन में। अब आपका एक एस.एम.एस. ही काफी है रेलवे मंत्रालय को आपकी बॉगी साफ करवाने के लिए। स्टेशनों के सौन्दर्यकरण के लिए उन्हें पारंपरिक चित्रशैली से सजाया जा रहा है। और यह कार्य वहाँ के स्थानीय कलाकारों के द्वारा ही किया गया। रेल मंत्रालय भी प्लास्टिक मुक्त अभियान के तहत प्लास्टिक की बोतलों पर पाबंदी लगाने की सोच रही है।

73वें स्वतंत्रता दिवस के अवसर पर मोदी ने भारत को प्लास्टिक प्रदूषण से मुक्त करने की बड़ी घोषणा की। उन्होंने देश की जनता और खासकर दुकानदारों एवं व्यापारियों से इस दिशा में योगदान देने की अपील की। प्रधानमंत्री ने कहा कि देश को प्लास्टिक कचरे से मुक्त करने के अभियान की शुरुआत 2 अक्टूबर से शुरू किया जाएगा। मोदी ने 'स्वच्छ भारत अभियान' के लिए लोगों को बधाई दी और कहा कि इसका व्यापक असर देखने को मिला। मोदी ने लोगों से अपील करते हुए कहा कि दो अक्टूबर के दिन सारा सिंगल यूज प्लास्टिक इकट्ठा करें और अपने नगर निगम के पास जा कर स्वच्छता कर्मचारी के पास सारा प्लास्टिक जमा कराएं और देश को सिंगल यूज प्लास्टिक से मुक्त करने में सहयोग दें। आम लोगों से जो प्लास्टिक एकत्र किया जाएगा उसे रिसाइकिल कर विभिन्न तरह के प्रयोग में लाया जाएगा। मोदी ने दुकानदारों से अपील की और कहा कि आप अपने दुकान में एक बोर्ड ऐसा लगाएं जिस पर लिखा हो कि हमसे प्लास्टिक के बैग की इच्छा न रखें। मोदी ने उन्हें सुझाव देते हुए कहा कि जिस तरह आप अपने ग्राहकों को दीपावली में डायरी या कैलेंडर देते हैं, इस बार कपड़े का थैला गिफ्ट करें। अगर हम कपड़े और जूट के बैग का इस्तेमाल करेंगे तो इससे कई गरीब वर्ग को आर्थिक सहायता मिलेगी। प्लास्टिक मुक्त भारत के लिए मोदी ने 2022 का लक्ष्य रखा है। मोदी की इस पहल पर कई मंत्रालयों में प्लास्टिक की बोतल वाले पानी पर रोक लगा दी गई।

'स्वच्छ भारत अभियान' में कॉरपोरेट जगत की भी अहम भूमिका रही है। खासकर शौचालय निर्माण में। मोदी ने इस अभियान को कॉरपोरेट जगत से जोड़ने की पहल की। मोदी के बुलावे पर कॉरपोरेट भारत ने भी इस

अभियान को सफल बनाने के लिए उत्साह के साथ कदम आगे बढ़ाया। कंपनियों ने सी.एस.आर. के तहत स्वच्छता अभियान में बढ़-चढ़ कर हिस्सा लिया। एल.एन.टी., डी.एल.एफ, वेदांता, भारती, टी.सी.एस., अंबुजा सीमेंट, टोयोटा, किरलोस्कर, मारुती, टाटा मोटर्स, कोका कोला, डाबर, आदित्य बिड़ला, अदानी, इंफोसिस, टी.वी.एस. जैसी बड़ी-बड़ी कंपनियों ने 'स्वच्छ भारत अभियान' के बजट तैयार किए। एक अनुमान के मुताबिक कॉरपोरेट सेक्टर के द्वारा 1000 करोड़ की कीमत के कई स्वच्छता परियोजनाएँ तैयार होने के कगार पर हैं।

प्रधानमंत्री जिस तरह गंदगी से निजात को आर्थिक उत्थान से जोड़कर देखते हैं, उसे समझने की आवश्यकता है। विश्व बैंक के एक आँकड़े के अनुसार अगर साफ-सफाई पर एक डॉलर खर्च किए जाएं तो सेहत पर खर्च होने वाले नौ डॉलर बचाए जा सकते हैं। डब्ल्यू.एच.ओ. का कहना है कि गंदगी के कारण हर वर्ष भारत के प्रत्येक नागरिक को करीब 6,500 रुपए का अतिरिक्त नुकसान झेलना पड़ता है। मोदी की कार्यशैली के कारण आज हम एक स्वच्छ भारत देख रहे हैं। उसका अनुभव कर रहे हैं।

6. अल्पसंख्यक कल्याण का स्वर्णिम दौर

प्रधानमंत्री नरेन्द्र मोदी की अगुवाई में केंद्र-सरकार 'सबका साथ, सबका विकास' के मंत्र पर काम कर रही है। इसी सोच के साथ सरकार अल्पसंख्यक-समाज के विकास और बेहतर जीवन के लिए एक के बाद एक नई योजनाएं ला रही है। अल्पसंख्यकों के कल्याण और समावेशी विकास के लिए अलग से अल्पसंख्यक-कार्य-मंत्रालय पहले से है। नरेन्द्र मोदी-सरकार ने इस मंत्रालय की भूमिका और सार्थकता को नए सिरे से रेखांकित किया है। मौजूदा सरकार की दृष्टि का असर है कि बिना तुष्टीकरण के पूरे देश में अल्पसंख्यकों की स्थिति लगातार सुधरती जा रही है। आज अगर अल्पसंख्यक-कार्य-मंत्रालय को कामकाज के लिहाज से सरकार के बेहतरीन मंत्रालयों में से एक माना जाता है तो इसका श्रेय प्रधानमंत्री मोदी को जाता है।

हाल ही में पी.एम. मोदी की अध्यक्षता में हुई केंद्रीय केबिनेट की बैठक में कई जन-हितकारी फैसले लिए गए। इनसे अल्पसंख्यकों को सामान्य रूप से लाभ पहुंचेगा। केंद्रीय कैबिनेट ने बहुक्षेत्रीय विकास-कार्यक्रम को प्रधानमंत्री जन-विकास-कार्यक्रम के रूप में नामकरण करने और पुनर्गठन के प्रस्ताव को मंजूरी दी है।

मंत्रिमंडल की आर्थिक मामलों की समिति ने इसे 14वें वित्त-आयोग की शेष अवधि के दौरान जारी रखने को भी मंजूरी दे दी है। केंद्र-सरकार ने अल्पसंख्यकों के कल्याण की इस योजना का दायरा 196 जिलों से बढ़ाकर 308 जिलों में करने की स्वीकृति दी है। इसके लिए पिछले साल बजट में 3,972 करोड़ रुपए का आवंटन किया गया था, जिसे 2019-20 तक खर्च होना है। इस कार्यक्रम के तहत अल्पसंख्यक बहुल क्षेत्रों में स्कूल,

छात्रावास इत्यादि का निर्माण तथा अन्य विकास-योजनाओं को चलाया जाएगा। इसके तहत 33 फीसदी से 40 फीसदी संसाधन खासतौर पर महिला-केंद्रित परियोजनाओं के लिए आवंटित किया जाएगा।

मोदी-सरकार के आने से पहले वर्ष 2014 में सरकारी नौकरियों में अल्पसंख्यकों की भागीदारी मात्र पांच फीसदी थी। पर 2017 में यह भागीदारी बढ़कर नौ फीसदी से भी अधिक हो गई। यह अल्पसंख्यकों के बीच आई जागरूकता की बड़ी मिसाल है। अल्पसंख्यक-समुदाय के रोजगार के लिए सरकार 'सीखो और कमाओ' योजना लेकर आई। इसका उद्देश्य अल्पसंख्यक-समुदाय के युवाओं की योग्यता तथा बाजार में संभावना को देखते हुए उनकी कौशल-क्षमता को बढ़ाना है, ताकि अल्पसंख्यक-समुदाय के युवाओं को बेहतर रोजगार प्राप्त हो सके।

2016 में हरियाणा के मेवात जिले से 'प्रोग्रेस पंचायत' की शुरुआत हुई। बाद में हरियाणा के अलावा उत्तराखंड, उत्तर प्रदेश और अन्य कई राज्यों में यह आयोजित हुई। प्रोग्रेस पंचायत के माध्यम से केंद्र-सरकार की योजनाओं की जानकारी पंचायत के लोगों तक पहुंचाई जाती है। प्रधानमंत्री नरेन्द्र मोदी के संसदीय क्षेत्र वाराणसी में अल्पसंख्यकों की पारंपरिक कला और समुदाय से संबंधित हस्तकला को बढ़ावा देने के लिए कौशल-विकास तथा प्रशिक्षण-योजना 'उस्ताद' शुरू की गई। इस योजना का उद्देश्य अल्पसंख्यक कामगारों को बड़े बाजार-नेटवर्क का हिस्सा बनाना है। अल्पसंख्यक छात्र-छात्राओं को विभिन्न प्रवेश-परीक्षाओं की तैयारी की फ्री कोचिंग उपलब्ध कराने के लिए 'नई उड़ान' योजना लागू की गई। इस योजना के अंतर्गत स्थानीय छात्रों को 1,500 रुपए और घर से बाहर रहकर पढ़ाई करने वाले छात्रों को 3,000 रुपए दिए जाते हैं।

'सबका साथ, सबका विकास' के मंत्र को साकार करने के लिए अल्पसंख्यक-मंत्रालय ने समावेशी विकास की कई नीतियां और योजनाएं धरातल पर उतारी हैं। प्रधानमंत्री नरेन्द्र मोदी ने अल्पसंख्यकों की बुनियादी विकास की नीतियों को 'थ्री ई' के जरिए गति प्रदान की है। एजुकेशन, इंप्लायमेंट एवं इंपावरमेंट को आधार बनाकर विकास की मुख्यधारा में अल्पसंख्यक-समुदायों के गरीबों, पिछड़ों तथा निर्बल वर्गों को शामिल करने की सोच के साथ कई योजनाएं आगे बढ़ रही हैं।

अल्पसंख्यक-समुदाय की लड़कियों को उच्च शिक्षा के मकसद से प्रोत्साहित करने के लिए केंद्र-सरकार उन अल्पसंख्यक लड़कियों को 51,000 रुपए की राशि बतौर 'शादी शगुन' देगी, जो स्नातक की पढ़ाई पूरी करेंगी। केंद्रीय अल्पसंख्यक-कार्य-मंत्रालय की अधीनस्थ संस्था 'मौलाना आजाद एजुकेशन फाउंडेशन' ने मुस्लिम लड़कियों की मदद के लिए यह कदम उठाने का फैसला किया। एम.ए.ई.एफ. का कहना है कि इस योजना का मकसद सिर्फ और सिर्फ मुस्लिम लड़कियों और अभिभावकों को इस बात के लिए प्रोत्साहित करना है कि लड़कियां विश्वविद्यालय या कॉलेज-स्तर की पढ़ाई पूरी कर सकें। इस कदम को अभी आरंभिक तौर पर 'शादी शगुन' नाम दिया गया है।

मुख्यधारा की शिक्षा देने वाले मदरसों की मदद करने और पारंपरिक शिक्षा-केंद्र को आधुनिक बनाने के लिए सरकार-द्वारा 'थ्री टी' योजना लागू की गई है। 'थ्री टी' यानी टॉयलेट, टिफिन और टीचर। इस वित्तीय वर्ष में केंद्रीय अल्पसंख्यक मामलों के मंत्रालय ने देश-भर के मदरसों में एक लाख से ज्यादा शौचालय बनवाने का लक्ष्य रखा है। मुख्यधारा की शिक्षा देने वाले मदरसों में बच्चों को 'मीड डे मील' या 'मध्याह्न भोजन-योजना' शुरू कर दी गई है। राष्ट्रीय अल्पसंख्यक-विकास एवं वित्त-निगम (एन.एम.डी.एफ.सी.) द्वारा अल्पसंख्यकों को अपना रोजगार आरंभ करने हेतु बहुत ही कम ब्याज-दर पर लोन उपलब्ध कराया जाता है।

मौजूदा सरकार की नीतियों में इस बात का ध्यान रखा गया है कि अल्पसंख्यकों की समृद्ध सांस्कृतिक विरासत एवं परंपराओं को सहेजा जा सके और उनका संरक्षण भी सुनिश्चित हो। इसके लिए उनसे जुड़ी इमारतों के रख-रखाव पर विशेष ध्यान दिया जाता रहा है। 'हमारी धरोहर' योजना प्रारंभ करने का मूल उद्देश्य भी यही है। 'द एवरलास्टिंग फ्लेम इंटरनेशनल प्रोग्राम' इसी उद्देश्य की पूर्ति के लिए शुरू किया गया। अपने-आप में यह एक अनोखी पहल है। अल्पसंख्यकों के कल्याण को लेकर सरकार का यह रुख काबिले तारीफ है। गौरतलब है कि यूपीए सरकार ने 2006 में अल्पसंख्यकों के विकास के लिए अलग मंत्रालय का गठन किया था। तत्कालीन यूपीए सरकार ने पहली बार 2006 में अल्पसंख्यक-कल्याण के लिए 143 करोड़ रुपए आवंटित किए थे। उसके बाद से बजट में लगातार

इस मद में बढ़ोतरी की गई। 2009–10 के बजट में अल्पसंख्यक–कल्याण की मद में 740 करोड़, 2010–11 में 760 करोड़, 2011–12 में 330 करोड़ और 2012–13 में 305 करोड़ रुपए का इजाफा किया गया था।

7. संवाद की नमो शैली

'कहते हैं कि मोदी के हैं अंदाजे बयां और' सबसे पहली बात कि कोई ऐसा विषय नहीं है जिस पर मोदी बोल ना सकें और वह भी पूरे तथ्यों के साथ। ऊर्जा से भरे इस व्यक्ति में खुद को प्रस्तुत करने की अद्‌भुत क्षमता है। जिस लहजे में वे सभा को संबोधित करते हैं, जिस हाव भाव के साथ वे बोलते हैं वह लोगों में जोश भर देता है। बचपन में अभिनय करने की कला आज काम आ रही है। वह नेता भी है और अभिनेता भी। अन्य देशों के प्रधानमंत्री या राष्ट्रपति से जिस अंदाज और गर्मजोशी से मोदी मिलते हैं वह देखने लायक होता है। अब हाव-भाव से वे अपनी शक्ति का एहसास भी करा जाते हैं।

केंद्र में मोदी के आने के बाद

इस दौरान लोकप्रियता के सारे स्थापित मानदंड टूटकर बिखर गए। विपक्ष की खेमेबंदी और घेरेबंदी कहां, किस मोड़ पर तबाह हो गई, किसी को इस बात का अंदाजा ही नहीं लगा। इन छह महीनों तक न्यूज-चैनल्स के लिए टीआरपी जुटाने का एकमात्र आसान तरीका था नरेन्द्र मोदी की रैलियों और भाषणों का लाइव प्रसारण। मोदी के कारण चैनल्स ने टीआरपी बटोरी तो भारतीय जनता पार्टी ने वोट।

हर भाषण में नयापन

वर्ष 2014 के चुनाव-अभियान में उनके भाषणों, भाव-भंगिमाओं, उनके वक्तृत्व-कला का कौशल और उसकी प्रभावशाली चकित करने वाली है। हर भाषण में कुछ-ना-कुछ अनूठा होता है, कुछ नया होता है, कुछ ऐसा जो सीधे लोगों के दिलों को छूता है। इन सबने मिलकर पूरे देश को उनके

करिश्माई नेतृत्व के साथ इस तरह बांध दिया कि भारतीय जनमानस में आत्माभिमान और आत्मगौरव वाले राजनीतिक नेतृत्व को लेकर एक नई बहस पैदा हो गई। देश की जनता में जो हताशा और निराशा थी, उसमें नरेन्द्र मोदी जनता को यह समझा पाने में कामयाब रहे कि वे देश के हालात बदलकर ही दम लेंगे। वे घनघोर निराशा और उपेक्षा के अंधकार को पीछे छोड़ते हुए देशवासियों के लिए अपेक्षाओं के नए सूर्य के रूप में सामने आए।

नरेन्द्र मोदी ने जिस बुद्धिमत्ता से देश की जनता का दिल चुनावी रैलियों और चाय पर चर्चा करते हुए जीता, उसकी बेहद सूक्ष्म पड़ताल जरूरी है, क्योंकि इसमें ही नरेन्द्र मोदी की सफलता का वह रहस्य छिपा है, जो उन्हें मौजूदा दौर के दूसरे नेताओं से न सिर्फ अलग करता है, बल्कि विशिष्ट भी बनाता है।

असाधारण भाषण-कला

हर किसी को यह जानने और समझने में दिलचस्पी है कि आखिर गुजरात के एक छोटे-से कस्बे में चाय बेचने वाले एक बेहद साधारण और गरीब-परिवार में जन्म लेने वाले नरेन्द्र मोदी ने भारत के साथ पूरे विश्व को चकित और विस्मित कर देने वाली भाषण-कला पर असाधारण अधिकार कैसे प्राप्त किया। नरेन्द्र मोदी की यात्रा साधारण से असाधारण बनने की कथा है। नरेन्द्र मोदी आज जहां हैं, वहां तक पहुंचने में संवाद-शैली की महत्त्वपूर्ण भूमिका है। इसीलिए उनके भाषणों की गूंज सिर्फ देश में ही सुनाई नहीं देती, बल्कि पूरी दुनिया उनकी इस अनूठी भाषण-कला की कायल है। चाहे जिस मंच पर हों, चाहे जिसको संबोधित कर रहे हों, उनके पास उनके लिए कुछ-ना-कुछ खास कहने को होता है। अपनी बात जिस तरीके से वह समझाते हैं, उससे लोग प्रेरित ही नहीं होते, बल्कि उन्हें देखकर, सुनकर सीखना-समझना चाहते हैं।

चुटीला अंदाज

नरेन्द्र मोदी एक ऐसे नेता हैं, जिसके पास देश के हर वर्ग से संवाद करने और उन्हें अपना बना लेने वाली भाषण-शैली है। इस भाषण-शैली के कारण ही विपक्ष की घेरेबंदी कहीं टिक नहीं पाती। चुटीले अंदाज में उनके कई संवाद अगर लोगों की जुबां पर चढ़ जाते हैं तो इसके पीछे उनकी परख

और समझ महत्त्वपूर्ण है। इसीलिए वो छप्पन इंच की छाती के साथ विपक्ष को ललकारने से चूकते नहीं। नरेन्द्र मोदी का सार्वजनिक जीवन पूरी तरह से पारदर्शी है, इसीलिए वो हर भाषण में भ्रष्टाचार पर तीखा वार करते हैं। आम जनता की जिंदगी में बदलाव लाने, देश को आने वाले कुछ वर्षों में संसार की प्रतिस्पर्धा लायक टिकाऊ और मजबूत बुनियाद देने के लिए वो लगातार काम करते हैं, इसीलिए विपक्षी हमलों का जवाब वे तर्कों और तथ्यों की तलवार से देते हैं। सबसे बड़ी बात यह कि उन्हें पता है कि भाषण के दौरान तर्कों और तथ्यों को किस समय और किस अंदाज में प्रस्तुत करना है।

सबके साथ संवाद

हर भूमिका में सोलह आने सही बैठने वाले ही भारतीय फिल्मों के नायक होते हैं। देश की राजनीति में नरेन्द्र मोदी एक ऐसे ही नायक के रूप में उभरे हैं, जो हर परिस्थिति के अनुसार अपनी भूमिका तय करते हैं। अवसर बच्चों से बात करने का हो या युवाओं से, वे संत–समागम में संतों के बीच हों अथवा सीमा पर सैनिकों के साथ, किसानों से खेती की बात करने का अवसर हो या गृहिणियों से चौके–चूल्हे की बात–नरेन्द्र मोदी सबके साथ सटीक और असरदार संवाद कायम करने में सफल रहे हैं।

आलोचना से बढ़ा आत्मविश्वास

अब तक सियासी सफर में उन पर हजारों पत्थर फेंके गए, लेकिन उन पत्थरों से वे कभी आहत नहीं हुए। उन्होंने अपने ऊपर फेंके गए हर पत्थर को संजोकर रखा और उन्हीं पत्थरों से अपनी सफलता की मंजिल तक पहुंचने वाली सीढ़ियों का निर्माण किया। अब तक का उनका जीवन और उनके भाषण इसके प्रमाण हैं। वो जब युवाओं में उम्मीद भरते हैं तो वे उत्साहित हो उठते हैं। एक ओर वे दोनों मुट्ठी बांधकर आसमान में देश की ताकत का एलान करते हैं तो दूसरी ओर दोनों हाथ उठाकर पूरे देश के आत्मविश्वास को आवाज भी देते हैं। नम आंखों से अपने बचपन और माता–पिता की दु:ख–भरी जिंदगी का हवाला देकर वे किसी भी हाल में हार न मानने, हिम्मत के साथ लड़ने और कर्मक्षेत्र में डटे रहने की सीख भी देते हैं, ताकि गरीबों, वंचितों और बेरोजगारों की जिंदगी में उम्मीदों का सूरज उगे।

विकास के लिए एजेंडा

प्रधानमंत्री इन्हीं वजहों से बार-बार मुद्रा-बैंक-योजना के जरिए करोड़ों युवाओं को स्वरोजगार के लिए कर्ज देने, करोड़ों जन-धन खातों की योजना को सफल बनाने और स्किल इंडिया के जरिए देश के युवाओं को हुनरमंद बनाने की बात करते हैं। स्टॉटअप योजना के जरिए लाखों नए उद्यमी खड़े करने, स्वच्छता अभियान के जरिए भारत की तस्वीर बदलने और बेटी बचाओ, बेटी पढ़ाओ के जरिए महिलाओं और बच्चियों की जिंदगी में बड़ा बदलाव लाने की कोशिश एक साथ करते हैं। वह देश के कॉरपोरेट, विज्ञान और शिक्षा-जगत्, खेल-जगत् समेत हर वर्ग और हर क्षेत्र में सबका साथ, सबका विकास का महान् मंत्र देते हैं, ताकि सबके साथ मिलकर भारत की भविष्यत् तस्वीर को बदला जा सके।

स्व-अनुशासन का सबक

देश के इतिहास में जितने भी नायक हुए हैं, सबने पहले स्वयं को एक आदर्श पुरुष बनाया। नरेन्द्र मोदी ने उसी राह को चुना। उन्होंने पहले स्वयं को अनुशासनबद्ध किया, फिर दूसरों को अनुशासित जीवन जीने का पाठ पढ़ाया। स्व-अनुशासन का जो सबक नरेन्द्र मोदी ने सीखा, आज वही सबक वे पूरे देश को सिखाने का प्रयास कर रहे हैं। अपने पारिवारिक जीवन का त्याग कर देश और समाज की सेवा में स्वयं को समर्पित करना तब तक आसान नहीं हो सकता, जब तक व्यक्ति में असीम ऊर्जा न हो। हिमालय की कंदराओं से लेकर बंलूर मठ तक की उनकी आध्यात्मिक यात्रा इसी ऊर्जा-संचयन और शक्ति-संयोजन की यात्रा थी। इसी कारण उनके चेहरे पर कभी थकान की रेखा नहीं उभरती।

स्वयं को प्रस्तुत करने की कला

सिर्फ शब्द नहीं, भाषण नहीं, संबोधन नहीं, संवाद नहीं, बल्कि स्वयं को प्रस्तुत करने का उनका अंदाज भी अनोखा है। एअर इंडिया के विमान में अपने ढ़ंग का कुर्ता-पायजामा पहनकर चढ़ना और सूट पहनकर जापान की ध रती पर उतरना, वहाँ मछलियों को दाना डालना, बौद्ध-मंदिरों के दर्शन करना, स्कूली बच्चों से मिलना, उनका कान उमेठना, उद्योगपतियों को आमंत्रित करना, बांसुरी और ताइको ड्रम बजाना एवं जापान के प्रधानमंत्री शिंजो आबे

को 'गीता' देते हुए यह कहना कि मेरे पास इससे बड़ा कोई उपहार नहीं है आपको देने के लिए। और लगे हाथ देश के विपक्ष पर निशाना साधते हुए व्यंग्यात्मक तरीके से यह भी कह देना कि शायद हमारे सेकुलर मित्रों को यह पसंद न आए।

नेतृत्व का पुराना ढर्रा तोड़ा

दरअसल, संगीत के सुर-ताल के साथ सियासत का ताल जिस तरह नरेन्द्र मोदी सजाते हैं, यह अनूठा अंदाज दुनिया में सिर्फ और सिर्फ उन्हीं के पास है। तंज कसने का तरीका कुछ ऐसा है कि सामनेवाला कुछ बोल न सके, बस कसमसाकर रह जाए। सत्ता तथा सियासत का जो नया तर्ज और तरीका नरेन्द्र मोदी के पास है, उसने देश में नेताओं के बने-बनाए ढर्रे को तोड़ दिया है। उन्हें पता होता है कि सामने बैठा श्रोता उनसे कब और किस वक्त क्या सुनना पसंद करता है। जगह के हिसाब से उनके भाषणों का मिजाज अलग-अलग होता है।

स्थानीयता को महत्त्व

स्थानीय बोलियों के साथ देश की अनेक मातृभाषाओं में जनता के साथ वो सीधा संवाद करते हैं। स्थानीय लोकोक्तियों और स्थानीय लोगों की जिंदगी से जुड़े मार्मिक प्रसंगों के सहारे वो लोगों को अपने साथ आसानी से जोड़ लेते हैं। आवश्यकता के अनुसार वे कभी किस्सागो बन जाते हैं तो कभी कथाकार, कहीं सख्त प्रशासक तो कहीं संवेदनशील सखा और सहचर बन जाते हैं, कभी रक्षक तो कभी शिक्षक। मोदी अपने भाषणों और संवादों में अपनी भूमिका बदलते चलते हैं। यह सब वे इस तेजी और कलात्मकता के साथ करते हैं कि लोगों को यह पता ही नहीं चलता कि वो कब उनसे जुड़ गए और साथ-साथ बहते चले। संवाद और संप्रेषण की यह कला नरेन्द्र मोदी को इतिहास के उन विशिष्ट पुरुषों के साथ खड़ा करती है, जिन्होंने दुनिया को मानवता, संवेदना, सहनशीलता, शांति और संयम का पाठ पढ़ाया।

8. जिसे दुःख की अनुभूति हो

आक्रामक शैली में दिखने वाले हमारे देश के प्रधानमंत्री नरेन्द्र मोदी के अंदर एक ऐसा दिल भी है, जो देश के हर वंचितों, गरीबों और पीड़ितों के लिए धड़कता है। एक ऐसा दिल, जिसमें देश के दुश्मनों से निबटने का माद्दा भी है और देशवासियों खासकर बच्चों के लिए कुछ भी कर गुजरने की संवेदना भी।

ऐसे मामलों में प्रधानमंत्री कार्यालय तक जिसने गुहार लगाई मोदी ने उसकी उपेक्षा नहीं की। ऐसा नहीं कि सारी सहायता सिर्फ पी.एम.ओ. की ओर से की जा रही है। प्रधानमंत्री के सभी मंत्रालयों के दरवाजे ऐसे लोगों के लिए खुले हैं। चाहे रेल-मंत्रालय का ट्वीटर हो या विदेश-मंत्रालय का। लोगों की समस्या सभी मंत्रालयों में सुनी जा रही है और उसे पूरा किया जा रहा है। यह मोदी की सरकार है। यहां कार्य करने की शैली ही अलग है। यहां जज्बा भी है, जुनून भी है और संवेदना भी है। संचार-साधनों का लाभ, सदुपयोग कैसे हो सकता है यह बात भी मोदी सरकार लोगों तक पहुंचा रही है। मामला शादी में लड़की की मदद का हो या पढ़ाई जारी रखने में परेशानी उठा रहे स्कूली छात्र का या फिर बीमारी से जूझ रहे लोगों की, प्रधानमंत्री-कार्यालय ऐसे हर कार्य को उसी तत्परता और संवेदनशीलता के साथ करता है, जैसे बाकी दूसरे जरूरी कार्य। दिलचस्प है कि ऐसे ज्यादातर मामलों में पी.एम.ओ. को या तो किन्हीं सूत्रों से खबर मिली या फिर साधारण डाक या ई-मेल के जरिए। हर बार प्रधानमंत्री ने अपनी जिम्मेदारी पूरी तत्परता से निभाई। आइए मोदी के इस संवेदनशील मन पर एक नजर डालते हैं।

घटना असम की है। आठ दिन की एक बच्ची की जान बचाने को लेकर। फेफड़े की बीमारी से जूझ रही इस बच्ची को प्रधानमंत्री की पहल

पर एयरलिफ्ट कर दिल्ली के गंगाराम अस्पताल में भर्ती कराया गया। पीड़ित बच्ची के पिता ध्रुवज्योति कलित के अनुसार कि पैदा होने के बाद बच्ची के फेफड़े में मल चला गया था, जिससे वह श्वसन-संबंधी समस्या से जूझ रही थी। आठ दिन की उस बच्ची की जान बचाने के लिए डिब्रूगढ़ के डॉक्टरों ने उसे एयर एंबुलेंस से दिल्ली भेजने का फैसला किया। इस मामले की जानकारी प्रधानमंत्री-कार्यालय तक पहुँची। नरेन्द्र मोदी ने तत्काल इस मामले में दिलचस्पी दिखाते हुए बच्ची को अस्पताल पहुँचाने के लिए ट्रैफिक फ्री पास तैयार करवाने की व्यवस्था सुनिश्चित की। समय रहते बच्ची का इलाज हुआ और आज वह जिंदा है।

बुलंदशहर की रिद्धि जो कैंसर-पीड़ित थी, को प्रधानमंत्री ने तीन लाख की मदद दी थी। दिल्ली के धर्मशाला अस्पताल में रिद्धि की पाँच बार कीमोथेरेपी हुई और फिर बोनमैरो ट्रांसप्लांट हुआ। दो महीने बाद जाँच में पता चला कि रिद्धि का कैंसर फिर से लौट आया है। अपने रिश्तेदार, दोस्तों से उधार लेकर रिद्धि के इलाज में लगा चुके प्रयमेंद्र की प्रधानमंत्री नरेन्द्र मोदी ने तीन लाख रुपये से मदद की।

इसी तरह वाराणसी की एक महिला ने जब अपनी बेटी की बीमारी का इलाज कराने में स्वयं को असमर्थ पाया, तब उसका सहारा बनकर देश के प्रधानसेवक सामने आए। महिला ने मोदी से अपनी बेटी का इलाज कराने की गुहार लगाई। इस महिला की बेटी की दोनों किडनियाँ खराब थीं। प्रधानमंत्री ने पीड़िता से वाराणसी के रवींद्रपुरी-स्थित दफ्तर में मुलाकात की। यह दफ्तर उनके संसदीय क्षेत्र के लोगों की समस्याएँ सुनने के लिए ही बनाया गया है। कल्याणी मिश्रा ने भरी आंखों से प्रधानमंत्री से अपनी बेटी का इलाज कराने की गुहार लगाई। उन्होंने तुरंत ही प्रधानमंत्री-कार्यालय (पी.एम.ओ.) के अधिकारियों से बात कर उन्हें निर्देश दिया कि प्राथमिकता देते हुए इनकी सहायता की जाए। कल्याणी मिश्रा ने इसके लिए कहां-कहां हाथ जोड़े होंगे। लेकिन उन्हें क्या पता था कि उनका प्रधानमंत्री इतना विनम्र और मददगार हो सकता है।

बिहार के मुजफ्फरपुर जिले के मरौल प्रखंड के सांभा गाँव का छात्र दिव्यांशु पढ़ना चाहता था, लेकिन समस्या उसके दाखिला की थी। जिस स्कूल में वह पढ़ना चाहता था, वहाँ उसका दाखिला हो नहीं पाया। दिव्यांशु

ने अपनी व्यथा प्रधानमंत्री को सुनाई। प्रधानमंत्री ने तत्काल केंद्रीय मानव संसाधन विकास-मंत्रालय से उसके दाखिले की सिफारिश सी.बी.एस.ई. बोर्ड से करने को कहा। सी.बी.एस.ई. बोर्ड ने दिव्यांशु के इच्छानुसार मुजफ्फरपुर के डी.ए.वी. पब्लिक स्कूल में उसके दाखिला के लिए स्कूल के प्राचार्य को पत्र लिखा। आज दिव्यांशु अपने सपनों को साकार करने में जुटा है।

देश के हर नागरिक, हर छात्र, हर महिला, हर मजदूर, हर गरीब का सपना पूरा हो, हर कोई खुशहाल हो और देश एकजुट होकर विकास के पथ पर अग्रसर हो—यही वह सपना है, जिसे प्रधानमंत्री नरेन्द्र मोदी साकार कर रहे हैं। इस सपने को पूरा करने में ऐसा कोई नहीं है, जिसके योगदान की जरूरत नहीं है। इसीलिए हर किसी के साथ जुड़ना, उसके दु:खों में शामिल होना नरेन्द्र मोदी अपना परम कर्तव्य मानते हैं।

दिल्ली से सटे गाजियाबाद जिले की डोरिस फ्रांसिस को प्रधानमंत्री-कार्यालय से तीन लाख रुपए की मदद दी गई थी। डोरिस एक सामाजिक कार्यकर्ता हैं और लंबे समय से नेशनल हाइवे 24 पर ट्रैफिक सँभालती थीं। वह कैंसर से जूझ रही हैं और उनका इलाज अस्पताल में चल रहा है। जानकारी के बाद प्रधानमंत्री ने उन्हें आर्थिक सहायता मुहैया कराई।

देश के अंदर और बाहर कई ऐसे वाकये हैं, जब प्रधानमंत्री ने आगे आकर लोगों की मदद की। बात कश्मीर घाटी अथवा केरल में आई बाढ़ की हो या नेपाल में आए जलजले की, प्रधानमंत्री सबसे पहले एक्शन में आए।

उनकी संवेदनशीलता मानवीयता की है जो किसी सीमा में बंधी नहीं है। यह प्रधानमंत्री की वही संवेदनशीलता है, जो अमेरिका में फेसबुक हेडक्वाटर में बैठकर लोगों से बात करते हुए अपनी माँ का जिक्र आते ही भावुक हो जाते हैं और गोवा की रैली में घाटी में शहीद हुए जवानों को याद करते ही जिनका गला रुँध जाता है। नरेन्द्र मोदी के व्यक्तित्व का यह ऐसा पहलू है, जिसके आगे राजनीति की हर लकीर छोटी पड़ जाती है।

पश्चिम बंगाल के नदिया जिले के पलासी क्षेत्र के रहने वाले विवेक विश्वास का कोलकाता के एस.एस.के.एम. अस्पताल में इलाज चल रहा था, लेकिन विवेक के घरवालों ने प्राइवेट अस्पताल में इलाज कराने का फैसला किया, पर ज्यादा खर्च देखकर विवेक के परिवार वाले घबरा गए और उन्होंने माकपा सांसद ऋतुब्रत बनर्जी से मदद की गुहार लगाई। राज्यसभा सांसद

ऋतुब्रत ने भी प्रधानमंत्री नरेन्द्र मोदी से अनुरोध किया। मोदी ने विवेक के इलाज के लिए 2.90 लाख रुपए की मदद की मंजूरी दे दी।

कर्नाटक की बी.बी. सारा जो अपनी एम.बी.ए. की पढ़ाई आगे जारी रखना चाहती थी, लेकिन आर्थिक हालात ठीक नहीं थे। सारा ने बैंक में एजुकेशन लोन के लिए एप्लाई किया। लेकिन बैंक द्वारा इसे टाला जा रहा था और सारा को पढ़ाई छूटने का खतरा सता रहा था। आखिर सारा ने अपने पिता अब्दुल इलियास के सहयोग से प्रधानमंत्री को पत्र लिखकर अपनी परेशानी से अवगत कराया। प्रधानमंत्री-कार्यालय से तुरंत पत्र का जवाब आया कि 10 दिन के अंदर आपको लोन मिल जाएगा और वैसा ही हुआ। 10 दिन से पहले ही बैंक वालों ने सारा को लोन दे दिया।

प्रधानमंत्री नरेन्द्र मोदी 12 साल के पार्थ के सारथि बने। गुजरात के भावनगर का रहने वाला पार्थ जो कि डीजेनरेटिव ब्रेन नामक बीमारी से पीड़ित है, के पिता अपने बच्चे की बीमारी के इलाज में अपनी पूरी जमा-पूँजी खर्च कर चुके थे, लेकिन सही इलाज नहीं मिल पा रहा था। ऐसे में हर जगह हार मान चुके पार्थ के पिता को एक ही उपाय नजर आया और उन्होंने प्रधानमंत्री नरेन्द्र मोदी को पत्र लिखा। मोदी ने पत्र पढ़कर तुरंत स्वास्थ्य-मंत्री को पार्थ के इलाज की उचित व्यवस्था कराने को कहा। एम्स में पार्थ का सही इलाज चल रहा है। पार्थ जिस ब्रेन बीमारी से पीड़ित है, इसमें बच्चे का विकास काफी धीमा हो जाता है, साथ ही उसकी समझ भी कम होने लगती है। इस बीमारी में बच्चे को झटका-सा लगता है और वह चौंक जाता है, जिसे चिकित्सीय भाषा में मसयोक्लोनिक जर्क कहते हैं।

बिहार के सीवान में रहने वाले 14 साल के रोहित कुमार के लिए मोदी जी संकटमोचन बनकर सामने आए हैं। अखबार में प्रकाशित महज एक खबर का संज्ञान लेकर प्रधानमंत्री-कार्यालय ने एम्स में रोहित का इलाज कर रहे डॉक्टर से बात की, जिसके तुरंत बाद 13 फरवरी, 2018 को रोहित के इलाज और पोर्टेबल वेंटिलेटर खरीदने के लिए प्रधानमंत्री-राहत-कोष से दो लाख रुपए जारी कर दिए गए। प्रधानमंत्री से मदद पाकर रोहित का परिवार बेहद खुश है।

हृदय की गंभीर समस्या से जूझ रहे 16 वर्षीय नाबालिग ने प्रधानमंत्री से आर्थिक मदद माँगी। मदद माँगने के बाद वह चंडीगढ़ में चोरी के केस

में पकड़ा गया। इसके बावजूद प्रधानमंत्री नरेन्द्र मोदी ने नाबालिग के इलाज के लिए 50 हजार की आर्थिक सहायता दी है।

मात्र 12 साल की उम्र में आगरा की तैयबा के दिल का एक वॉल्व खराब हो गया। इलाज बेहद खर्चीला था। कैसे होगा इलाज? तैयबा का परिवार निराश हो चला था। तभी तैयबा को मोदी अंकल का ध्यान आया। तैयबा ने प्रधानमंत्री को चिट्ठी लिखी और प्रमाण सामने था। तैयबा का दिल्ली के गुरु तेग बहादुर अस्पताल में इलाज हुआ। उसने प्रधानमंत्री नरेन्द्र मोदी को लिखी अपनी चिट्ठी में कहा कि जन्म से ही दिल की बीमारी से पीड़ित है और उसके मजदूर पिता के पास 15 से 20 लाख रुपए नहीं हैं कि वह उसका इलाज करा सकें। तैयबा की खुशी का ठिकाना नहीं रहा, जब उन्हें पी.एम.ओ. से जवाबी चिट्ठी मिली। उसी खत में दिल्ली-सरकार को निर्देश भी दिया गया था कि खर्च की परवाह किए बिना तैयबा का उचित इलाज करवाया जाए। दिल्ली सरकार ने भी इस पत्र पर कार्रवाई करते हुए गुरु तेग बहादुर अस्पताल को तैयबा के इलाज का निर्देश दिया और इलाज शुरू हो गया।

पटना के बी.एम. दास रोड निवासी सुमित रंजन सिन्हा को कैंसर इलाज के लिए प्रधानमंत्री-राहत-कोष से दो लाख रुपए दिए गए। राज्यसभा सांसद आर.के. सिन्हा की अनुशंसा पर पी.एम. नरेन्द्र मोदी ने सहायता-राशि की स्वीकृति दी। पी.एम. ने सुमित को एक शुभकामना-संदेश भी भेजा, जिसमें उनके रोगमुक्त होने की कामना की।

मोदी-सरकार की तत्परता का अनुभव पुणे की सात साल की वैशाली यादव नाम की छोटी बच्ची को भी हुआ। पहली कक्षा में पढ़ने वाली वैशाली के दिल में होल होने की वजह से वह हमेशा बीमार रहती थी। डॉक्टर ने सर्जरी अनिवार्य बताया। बच्ची के चाचा मजदूरी करते हैं। बहादुर बेटी ने प्रधानमंत्री नरेन्द्र मोदी को खत लिखकर अपने मन की बात बताई। खत मिलने पर पी.एम.ओ. से पुणे के कलेक्टर को वैशाली की मदद के लिए कहा गया और फिर पुणे में वैशाली की ओपन हार्ट सर्जरी भी पूरी हो गई। वह अपने घर पर सुरक्षित है। वैशाली के घरवालों के लिए यही 'अच्छे दिन' है।

ऐसा पहली बार नहीं है। प्रधानमंत्री मोदी इसके पहले भी कई बार मानवता की मिसाल पेश कर चुके हैं। पी.एम. मोदी हिमाचल के कांगड़ा के

नूरपुर निवासी अवतार सिंह के लिए भी बड़े मददगार साबित हुए। अवतार सिंह लंबे समय से कैंसर से पीड़ित हैं। परिजनों के अनुसार, उनकी आर्थिक स्थिति ठीक न होने से उपचार भी संभव नहीं हो रहा था। इलाज के लिए पैसों का इंतजाम नहीं हो पा रहा था। अवतार सिंह और उनके परिजनों ने भाजपा जिला महामंत्री रणवीर निक्का से मुलाकात कर समस्या रखी तो भाजपा-मंडल ने सांसद श्री शांता कुमार के माध्यम से अवतार की मदद के लिए प्रधानमंत्री को पत्र भेजा। पी.एम. ने अवतार की जरूरत समझते हुए उन्हें तुरंत इलाज के लिए आवश्यक राशि जारी करने के निर्देश दिए। प्रधानमंत्री-कार्यालय से अवतार को इलाज के लिए 3 लाख रुपए दिए गए। इस मदद के लिए उन्होंने पी.एम. के प्रति आभार जताया।

उत्तर प्रदेश के बनारस में रहने वाले एक पिता ने अपने दो बच्चों के इलाज के लिए प्रधानमंत्री से गुहार लगाई। विष्णु सोनी नामक इस शख्स के बड़े बेटे को थैलेसीमिया नामक बीमारी है और पाँच साल का दूसरा बेटा बहरेपन का शिकार है। विष्णु की माली हालत इतनी अच्छी नहीं है कि वह अपने बच्चों का इलाज करवा सके। उसने पी.एम. से बच्चों के इलाज के लिए आर्थिक सहायता माँगी। पी.एम.ओ. की तरफ से विष्णु को तीन लाख रुपए की मदद दी गई।

न्यायधीशों और मुख्यमंत्रियों के संयुक्त सम्मेलन के दौरान मोदी ने एक गिरते मीडियाकर्मी का हाथ थामकर उसे गिरने से बचाया था। दरअसल, मोदी सम्मेलन को संबोधित कर लौट रहे थे, तभी एक फोटो जर्नलिस्ट अपना नियंत्रण खोकर नीचे गिर पड़ा। मोदी ने उसे सहारा देकर उठाया। प्रधानमंत्री बनने के बाद से नरेन्द्र मोदी विपक्ष के निशाने पर रहे हैं, लेकिन वक्त-वक्त पर अपना मानवीय चेहरा पेश कर आरोपों की धार कुंद कर देते हैं। संसद में भी एक बार ऐसा ही नजारा उस वक्त देखने को मिला, जब मोदी ने स्वयं विरोधी सांसद को पानी का ग्लास थमाया। संसद में आप-सांसद भगवंत सिंह मान मोदी के खिलाफ नारेबाजी कर रहे थे। अचानक उन्हें कुछ बेचैनी महसूस होने लगी। उन्होंने पानी के लिए चारों तरफ नजर दौड़ाई, इस बीच पी.एम. मोदी ने खुद उनके तरफ अपनी मेज पर रखा हुआ पानी का ग्लास बढ़ाया। मान ने पानी पिया और फिर मुस्कुराकर मोदी को धन्यवाद कहा।

पैसे से ही किसी की मदद हो सकती है, ऐसा नहीं है। किसी के कहने से किसी बच्चे का उसके मनचाहे स्कूल में दाखिला मिल जाए। एयरपोर्ट से एंबुलेंस अस्पताल जल्दी पहुंचे इसकी व्यवस्था करना। किसी गिरते हुए को सहारा देना। यह वही कर सकता है, जिसने दर्द को भोगा हो उसे नजदीक से देखा हो।

9. मेक इन इंडिया से बढ़ता भारत

सितंबर 2014 में प्रधानमंत्री ने दिल्ली के विज्ञान-भवन में जब 'मेक इन इंडिया' के रूप में एक बड़ी घोषणा की थी तो लोगों को उम्मीद नहीं थी कि देश के विकास और समृद्धि की दिशा में यह सरकार जल्द ही एक के बाद एक कई मीलस्तंभ स्थापित करेगी। इस दौरान मोदी-सरकार ने हर क्षेत्र में 'मेक इन इंडिया' नीति को बढ़ावा दिया है। सरकार ने ऐसे कई कदम उठाए हैं, जिनसे सरकारी सिस्टम के प्रति भरोसा कायम हुआ है। सरकार ने हर क्षेत्र में उद्योगों के अनुकूल माहौल तैयार किया है। प्रधानमंत्री की इस नीति का प्रभाव अब दिखने लगा है। दुनिया-भर की तमाम बड़ी कंपनियां भारत की ओर रुख कर रही हैं, मसलन—उपभोक्ता, इलेक्ट्रॉनिक्स और घरेलू उपकरण बनानेवाली प्रमुख कंपनी हायर एप्लायंसेस इंडिया ने ग्रेटर नोएडा में विनिर्माण-इकाई की स्थापना पर कुल 3,069 करोड़ रुपए का निवेश करने का फैसला किया है। हायर एप्लायंसेस इंडिया कंपनी द्वारा स्थापित संयंत्र से 3,950 लोगों के प्रत्यक्ष रोजगार के अवसर उपलब्ध होने की उम्मीद है। इसके लिए ग्रेटर नोएडा में 123.7 एकड़ जमीन आवंटित की गई है।

इसी तरह चीनी मोबाइल-निर्माता कंपनी फॉर्मे और अग्रणी ऑडियो-निर्माता फेंडा ऑडियो इंडिया की सहायक कंपनी सत्कृति इन्फोटेन्मेंट को भी जमीन आवंटित की गई है। फॉर्मे को 3.5 एकड़ जमीन दी गई है। यह कंपनी 100 करोड़ रुपए के निवेश के साथ 1600 लोगों को रोजगार देगी। सत्कृति इन्फोटेन्मेंट को 9.8 एकड़ भूमि आवंटित की गई है। कंपनी उपभोक्ता-उपकरणों के निर्माण के लिए 235 करोड़ रुपए निवेश करेगी। इस इकाई से 2,000 प्रत्यक्ष और 5,000 अप्रत्यक्ष रोजगार के अवसर पैदा होने की उम्मीद है। तीनों कंपनियां यहां कुल 3,404 करोड़ रुपए का निवेश करेगी।

स्मार्टफोन की सबसे बड़ी फैक्टरी

9 जुलाई, 2018 को नोएडा में जिस सैमसंग की फैक्टरी का प्रधानमंत्री नरेन्द्र मोदी और दक्षिण कोरिया के राष्ट्रपति मून जे इन ने उद्घाटन किया, वह दुनिया में स्मार्टफोन की सबसे बड़ी फैक्टरी है। यहां सालाना 12 करोड़ मोबाइल फोन का उत्पादन होगा। करीब पांच हजार करोड़ रुपए में नोएडा के सेक्टर-81 में तैयार हुआ सैमसंग का नया प्लांट 35 एकड़ में फैला है। सैमसंग भारत में फिलहाल करीब 6.7 करोड़ स्मार्टफोन बनाती है, जो अब लगभग दोगुनी हो जाएगी। सैमसंग की इस नई मोबाइल मैन्युफैक्चरिंग फैक्टरी से प्रत्यक्ष और अप्रत्यक्ष रूप से करीब 35 हजार लोगों को रोजगार उपलब्ध हो सकेगा।

10 करोड़ नए रोजगार

देश की अर्थव्यवस्था को मजबूत करने और युवाओं को रोजगार उपलब्ध कराने के लिए प्रधानमंत्री नरेन्द्र मोदी ने 'मेक इन इंडिया' योजना की शुरुआत की थी। 'मेक इन इंडिया' के जरिए 2020 तक 10 करोड़ नए रोजगार के अवसर पैदा होने की उम्मीद है। इसके तहत भारत में शुरू होने वाले उद्योगों के लिए बड़ी संख्या में प्रशिक्षित युवाओं की जरूरत होगी। युवाओं को तकनीकी रूप से दक्ष बनाने के लिए कौशल-विकास-मंत्रालय द्वारा कई कार्यक्रम चलाए जा रहे हैं, जिनके तहत युवाओं को प्रशिक्षित किया जा रहा है।

डिफेंस प्रोटेक्शन हब

मोदी-सरकार भारत को डिफेंस प्रोडक्शन हब बनाने की तैयारी में है। अभी देश को अपनी रक्षा-जरूरतों को पूरा करने के लिए ज्यादातर सैन्य साजो सामान दूसरे देशों से आयात करना पड़ता है, लेकिन अब सरकार की कोशिश अगले 10 वर्षों में भारत को दुनिया के पांच बड़े सैन्य उपकरण बनाने वाले देशों में शामिल करना है। 'नवभारत टाइम्स' की खबर के मुताबिक, इसी क्रम में भारत सरकार जल्द ही 'डिफेंस प्रोडक्शन इंडस्ट्री' को मजबूत करने के लिए एक महत्त्वपूर्ण पॉलिसी की घोषणा कर सकती है।

लड़ाकू विमान और मिसाइल पर फोकस

डिफेंस प्रोडक्शन पॉलिसी (DDP) 2018 का फोकस सेना के लिए लड़ाकू विमानों, अटैक हेलिकॉप्टरों और हथियारों का देश में ही उत्पादन करने और इसके लिए आवश्यक तकनीक विकसित करने के लिए उचित संसाधनों के निवेश पर होगा। सरकार ने आत्मनिर्भरता के लक्ष्य को हासिल करने के लिए भारत में प्रोडक्शन हेतु 12 मिलिटरी प्लेटफॉर्म्स और वेपन सिस्टम्स निर्धारित किए हैं, इनमें शामिल हैं- लड़ाकू विमान, मीडियम लिफ्ट ऐंड यूटिलिटी हेलिकॉप्टर, युद्धपोत, लैंड कॉम्बट व्हीकल, मिसाइल सिस्टम्स, गन सिस्टम, छोटे हथियार, विस्फोटक, निगरानी प्रणाली, इलेक्ट्रॉनिक वॉरफेयर सिस्टम और रात में लड़ाई में मदद करने वाले साजो सामान आदि। ऐसी कई रक्षा-परियोजनाएं हैं, जिनमें पी.एम. मोदी की पहल पर 'मेक इन इंडिया' को बढ़ावा दिया जा रहा है। हाल ही में केंद्र-सरकार ने सेना की जरूरतों को देखते हुए 15 हजार करोड़ के हथियार-निर्माण प्रोजेक्ट को मंजूरी दे दी है। इस प्रोजेक्ट के तहत देश में ही महत्त्वपूर्ण तकनीक वाले हथियार और टैंकों के आयात विदेशों पर निर्भरता को खत्म करना है। इस प्रोजेक्ट से 30 दिन तक लगातार चलने वाले युद्ध में भी हथियारों का जखीरा कम नहीं पड़ेगा। सेना के इस प्रोजेक्ट में 11 निजी कंपनियों को शामिल किया जाएगा। इसकी निगरानी रक्षा-मंत्रालय और सेना के शीर्ष अधिकारी करेंगे। इस प्रोजेक्ट को 10 वर्षों में पूरा करने का लक्ष्य रखा गया है। इस परियोजना में रॉकेट्स और ग्रेनेड लॉन्चर, एयर डिफेंस सिस्टम, आर्टिलरी बंदूकें और युद्ध के लिए जरूरी गाड़ियां बनाई जानी हैं।

स्वदेशी बुलेट प्रूफ जैकेट

केंद्र-सरकार ने सेना की जरूरतों को देखते हुए 1.86 लाख स्वदेशी बुलेट प्रूफ जैकेट खरीदने के लिए अनुबंध किया है। सेना के लिए कारगर बुलेट प्रूफ जैकेटों की जरूरत को युद्ध-क्षेत्र के लिए सफलतापूर्वक आवश्यक परीक्षण करने के बाद पूरा किया गया है। 'भारत में बनाओ, भारत में बना खरीदो' के रूप में इस मामले को रखा गया है। स्वदेशी बुलेट प्रूफ जैकेटें अत्याधुनिक हैं, जिनमें रक्षा का अतिरिक्त स्तर और कवरेज क्षेत्र है। श्रम-दक्षता की दृष्टि से डिजाइन की गई बुलेट प्रूफ जैकेटों में मॉड्यूलर

कल-पुर्जे हैं, जो लंबी दूरी की गश्त से लेकर अधिक जोखिम वाले स्थानों में कार्य कर रहे सैनिकों को संरक्षण और लचीलापन प्रदान करते हैं। नई जैकेटें सैनिकों को युद्ध में पूरी सुरक्षा प्रदान करेंगी।

स्वदेशी बुलेट प्रूफ जैकेट से सरकार को हर साल कम-से-कम 20 हजार करोड़ रुपए की बचत होगी। इस बुलेट प्रूफ जैकेट को भारतीय वैज्ञानिक ने ही बनाया है। 70 साल के इतिहास में यह पहला मौका होगा, जब सेना स्वदेशी बुलेट प्रूफ जैकेट पहनेगी। यह विदेशी जैकेट से काफी हल्का और किफायती भी है। विदेशी जैकेट का वजन 15 से 18 किलोग्राम के बीच होता है, जबकि इस स्वदेशी बुलेट प्रूफ जैकेट का वजन सिर्फ 1.5 किलोग्राम है। कार्बन फाइबर वाले इस जैकेट में 20 लेयर हैं। इसे 57 डिग्री सेल्सियस तक के तापमान पर भी पहना जा सकता है।

क्लाश्निकोव राइफल

'मेक इन इंडिया' के तहत अब दुनिया के सबसे घातक हथियारों में से एक क्लाश्निकोव राइफल एके-103 भारत में बनाए जाएंगे। असाल्ट राइफॉल्स एके-47 दुनिया की सबसे कामयाब राइफल है। भारत और रूसी हथियार-निर्माता कंपनी क्लाश्निकोव मिलकर एके-47 का उन्नत संस्करण एके-103 राइफल बनाएंगे। सेना की जरूरतों को ध्यान में रखते हुए इसे भारत में बनाया जाएगा। इसे भारत से निर्यात भी किया जा सकता है।

लॉकहीड मार्टिन की दिलचस्पी

अमेरिका रक्षा-कंपनी लॉकहीड मार्टिन ने भारत में चौथी पीढ़ी के बहुआयामी विमान एफ-16वी बनाने की इच्छा जताई है। कंपनी का दावा है कि एफ-16वी बाजार में उसके इस श्रेणी के उत्पादों में सबसे उन्नत एवं आधुनिक है। भारत इन विमानों का अपनी वायुसेना में इस्तेमाल करने के साथ ही इसका निर्यात भी कर सकेगा। कंपनी के वाइस प्रेसिडेंट जो ला मार्का ने कहा कि भारत ने अगर हमें चुना तो हम उम्मीद करते हैं कि एफ-16वी का निर्माण कुछ दशकों में शुरू हो जाएगा। उन्होंने कहा कि अगर लाकहीड मार्टिन भारत में कारखाना लगाती है तो भविष्य में बाहर से आने वाला कोई भी ऑर्डर कंपनी भारत से ही पूरा करेगी।

'करंज' पनडुब्बी

'मेक इन इंडिया' के तहत हाल ही में स्कॉर्पीन श्रेणी की तीसरी पनडुब्बी आई.एन.एस. 'करंज' नौसेना के बेड़े में शामिल किया गया। 'करंज' एक स्वदेशी पनडुबी है, जो प्रधानमंत्री नरेन्द्र मोदी के 'मेक इन इंडिया' कार्यक्रम के तहत तैयार की गई है। लगभग डेढ़ महीने के अंदर स्कॉर्पीन श्रेणी की कलवरी और खांदेरी पनडुब्बियों के बाद 'करंज' तीसरी पनडुब्बी है, जो नौसेना में शाामिल हुई है। 'करंज' पनडुब्बी कई आधुनिक फीचर्स से लैस है और दुश्मनों को चकमा देकर सटीक निशाना लगा सकती है। यह पनडुब्बी कई तरह से डिजाइन की गई है कि इसे किसी तरह की जंग में संचालित किया जा सकता है। यह पनडुब्बी हर तरह के वॉरफेयर, एंटी-सबमरीन वॉरफेयर और इंटेलिजेंस को इकट्ठा करने जैसे कामों को भी बखूबी अंजाम दे सकती है। 'करंज' पनडुब्बी 67.5 मीटर लंबी, 12.3 मीटर ऊंची और 1,565 टन वजनी है।

आई.एन.एस. 'कलवरी'

मोदी ने भारत में बनी स्कॉर्पीन श्रेणी की पहली पनडुब्बी आई.एन.एस. 'कलवरी' को विगत 14 दिसंबर, 2017 को लॉन्च किया था। वेस्टर्न नेवी कमांड में आयोजित एक कार्यक्रम में पी.एम. मोदी की मौजूदगी में इस पनडुब्बी को नौसेना में कमीशंड किया गया था। इस पनडुब्बी ने न केवल नौसेना की ताकत को अलग तरीके से परिभाषित किया, बल्कि 'मेक इंन इंडिया' कार्यक्रम के लिए भी इसे एक मील का पत्थर माना गया। 'कलवरी' पनडुब्बी को फ्रांस की एक कंपनी ने डिजाइन किया था तो वहीं 'मेक इन इंडिया' के तहत इसे मुबंई के मझगांव डॉक यॉर्ड में तैयार किया गया। आई.एन.एस. 'कलवरी' के बाद तुरंत स्कॉर्पीन श्रेणी की दूसरी पनडुब्बी आई.एन.एस. 'खांदेरी' को लॉन्च किया गया था। 'कलवरी' और 'खांदेरी' पनडुब्बियां भी आधुनिक फीचर्स से लैस हैं। ये दुश्मन की नजरों से बचकर सटीक निशाना लगाने में सक्षम हैं, साथ ही टॉरपीडो और एंटी शिप मिसाइलों से हमले भी कर सकती हैं।

आई.एन.एस. 'कलवरी' देश में बनी पहली परमाणु पनडुब्बी है, जो भारतीय नौसेना में शामिल की गई थी। पी-75 प्रोजेक्ट के तहत मुबंई के मझगांव डॉक लिमिटेड में बनी कलवरी क्लास की पहली पनडुब्बी आई.

एन.एस. कलवरी है। कलवरी क्लास की 6 पनडुब्बी मुंबई के मझगांव डॉक में एक साथ बन रही हैं और 'मेक इन इंडिया' के तहत इस प्रोजेक्ट को पूरा किया जा रहा है।

परवान चढ़ता अभियान

प्रधानमंत्री नरेन्द्र मोदी की पहल पर शुरू हुआ 'मेक इन इंडिया' अभियान परवान चढ़ता जा रहा है। धीरे-धीरे प्रधानमंत्री की इस महत्त्वाकांक्षी योजना का परिणाम भी सामने आने लगा है। मोदी ने दूसरे क्षेत्रों के साथ ही रक्षा-उत्पादन के क्षेत्र में भी स्वदेशी को बढ़ावा देना शुरू किया था। प्रधानमंत्री ने मिसाइल, गोला-बारूद, टैंक इत्यादि निर्मित करने के लिए विदेशी कंपनियों की बजाय स्वदेशी कंपनियों को तरजीह देने के निर्देश दिए थे। आज 'मेक इन इंडिया' के जरिए रक्षा-मंत्रालय ने एक लाख करोड़ रुपए से ज्यादा की बचत की है। यह पैसा पिछले दो वर्षों में छह एयर डिफेंस और एंटी टैंक मिसाइल प्रोजेक्ट को किसी विदेशी कंपनी के बजाय स्वदेशी डिफेंस रिसर्च ऐंड डेवलपमेंट ऑर्गनाइजेशन (डी.आर.डी.ओ.) को देने की वजह से बचा है। सिर्फ यही प्रोजेक्ट नहीं, बल्कि रक्षा-मंत्रालय की तमाम ऐसी परियोजनाएं हैं, जिन्हें स्वदेशी कंपनियों को दिया गया है और आने वाले दिनों में इनसे करोड़ों रुपए की बचत होगी। बात सिर्फ रुपए की बचत की नहीं है, मोदी की पहल की वजह से भारत रक्षा-क्षेत्र में ग्लोबल मैन्युफैक्चरिंग हब बनता जा रहा है।

स्वदेशी आयुध-निर्माण में कामयाबी

मोदी के विजन की वजह से स्वदेशी आयुध-निर्माण कंपनियों की आर्थिक स्थिति काफी सुधर रही है। पहले जिन प्रोजेक्टों के लिए विदेशी कंपनियों को पैसा दिया जाता था, वो आज स्वदेशी कंपनियों के पास जा रहा है। सबसे बड़ी बात यह है कि मोदी ने पहले मनोहर पर्रिकर, अरुण जेटली और अब निर्मला सीतारमण, जिन्हें भी रक्षा-मंत्रालय की जिम्मेदारी सौंपी है, वह भी स्वदेशी प्रोजेक्ट को आगे बढ़ाने के समर्थक रहे हैं। सरकार ने विदेशी कंपनियों की बजाय जिन प्रोजेक्ट्स के लिए डी.आर.डी.ओ. पर भरोसा किया, उनमें आर्मी और नेवी के लिए जमीन से आसमान में मार सकनेवाली और

छोटी रेंज की मिसाइल (SR.SAMs), आर्मी के लिए जमीन से आसमान में मार सकने वाली और जल्दी-जल्दी एक्शन लेने वाली (QRSAM), आर्मी के लिए एंटी टैंक गाइडेड मिसाइल (ATGM), हेलिकॉप्टर से लॉन्च की जाने वाली एंटी टैंक मिसाइल इत्यादि शामिल हैं। इसके अलावा भी कई ऐसी रक्षा-परियोजनाएं हैं, जिनमें मोदी की पहल पर स्वदेशी को बढ़ावा दिया जा रहा है और इसके लिए नीतिगत बदलाव किया गया है।

नीतिगत पहल और निवेश

रक्षा-मंत्रालय आज जो स्वदेशी को बढ़ावा देकर करोड़ों रुपए की बचत कर रहा है, उसके लिए प्रधानमंत्री नरेन्द्र मोदी द्वारा अपनाई गईं नीतियों का योगदान है। रक्षा-उत्पादों का स्वदेश में निर्माण के लिए मोदी-सरकार ने 100 प्रतिशत प्रत्यक्ष विदेशी निवेश को मंजूरी दी हुई है। इसमें 49 प्रतिशत तक की एफ.डी.आई. को सीधे मंजूरी का प्रावधान है।

'मेक इन इंडिया' के दो युद्धपोत

अभी तक सरकारी शिप यॉर्डों में ही युद्धपातों के स्वदेशीकरण का काम चल रहा था, लेकिन देश में पहली बार नेवी के लिए प्राइवेट सेक्टर के शिप यॉर्ड में बने दो युद्धपोत पानी में उतारे गए हैं। रिलायंस डिफेंस ऐंड इंजीनियरिंग लिमिटेड ने 25 जुलाई, 2017 को गुजरात के पीपावाव में नेवी के लिए दो ऑफशोर पेट्रोल वेसेल (ओ.पी.वी.) लॉन्च किए, जिनके नाम 'शचि' और 'श्रुति' हैं।

'भारत में बनाओ, भारत में बना खरीदो' नीति के तहत रक्षा-मंत्रालय ने 82 हजार करोड़ की डील को मंजूरी दी है। इसके अंतर्गत Light Combat Aircraft (LCA), T-90 टैंक, Mini-Unmanned Aerial Vehicles (UAV) और Light Combat Helicopters की खरीद भी शामिल है। इस क्षेत्र में MSME को प्रोत्साहित करने के लिए कई सुविधाएं दी गई हैं।

टेक्नोलॉजी ऐंड टैलेंट में भारत आगे

बीते कुछ वर्षों में भारत ने साइंस और टेक्नोलॉजी के क्षेत्र में बड़ी उपलब्धियां हासिल की हैं। इसरो द्वारा एक साथ 104 सैटेलाइट लॉन्च करने

के बाद भारत की धाक बढ़ी है। भारत ने पूरे विश्व में अपने इंजीनियर और साइंटिस्ट के लिए बड़ी मांग पैदा की है। दुनिया में अब भारत के टॉप-स्तर के टेक्नोलॉजी और साइंटिफिक ब्रेन को अपने यहां खींचनें की होड़ लग गई है।

10. मजबूत अर्थव्यवस्था की ओर बढ़ता भारत

मोदी के नेतृत्व में भारत की अर्थव्यवस्था लगातार मजबूती की तरफ बढ़ रही है। चालू वित्त-वर्ष की पहली तिमाही (अप्रैल-जून) में देश की आर्थिक वृद्धि-दर 7.7 प्रतिशत से अधिक रहने की उम्मीद है। एसबीआई की एक रिपोर्ट में यह अनुमान लगाया गया है। रिपोर्ट में कहा गया है कि प्रमुख संकेतकों, मसलन–सीमेंट-उसके कंपोजिट लीडिंग इंडिकेटर (सी.एल.आई.) पर आधारित है। इसमें अठारह प्रमुख वृहद आर्थिक संकेतकों को शामिल किया है।

आई.एम.एफ. की तारीफ

अंतरराष्ट्रीय मुद्रा-कोष (आई.एम.एफ.) ने वर्तमान भारतीय अर्थव्यवस्था की तारीफ करते हुए कहा है कि भारत अगले तीन दशकों तक ग्लोबल इकोनॉमी का इंजन बना रहेगा। आई.एम.एफ. ने भारतीय अर्थव्यवस्था के वार्षिक मुल्यांकन में कहा है कि यह सही दिशा में आगे बढ़ रही है और इसके विकास की बेहतर संभावनाएं हैं। आई.एम.एफ. ने कहा है कि हाल ही में सरकार द्वारा लागू की गई अहम नीतियों की भूमिका रही है।

आई.एम.एफ. में भारत के मिशन चीफ रानिल साल्गाडो ने कहा कि विश्व की सबसे तेजी से बढ़ती अर्थव्यवस्थाओं में से एक भारतीय अर्थव्यवस्था ने लाखों लोगों को गरीबी-रेखा से ऊपर उठाने में मदद की है। उन्होंने कहा है कि अगले कुछ दशकों तक वैश्विक अर्थव्यवस्था की गति भारतीय अर्थव्यवस्था की चाल से तय होगी। आने वाले समय में भारत की

भूमिका वही होगी, जो वैश्विक अर्थव्यवस्था की रही है।

रानिल साल्गाडो के शब्दों में, 'भारत (पी.पी.पी. के आधार पर) वैश्विक अर्थव्यवस्था में 15 प्रतिशत का योगदान दे रहा है, जो काफी ज्यादा है।' हालांकि वे यह मानते हैं कि ट्रेडिंग के लिहाज से भारत अभी चीन से पीछे है, लेकिन भारत लंबे समय में वैश्विक अर्थव्यवस्था की रीढ़ साबित होगा। इसके साथ ही आई.एम.एफ. ने वित्त-वर्ष 2018-19 के लिए 7.3 प्रतिशत, जबकि वित्त-वर्ष 2019-20 के लिए 7.5 प्रतिशत जीडीपी का अनुमान जगाया है।

आई.एम.एफ. ने कहा था कि भारत अब दुनिया की छठी सबसे बड़ी अर्थव्यवस्था बन गया है। इस मामले में भारत ने फ्रांस को पीछे छोड़ दिया है। भारतीय अर्थव्यवस्था 2.6 ट्रिलियन डॉलर (करीब 170 लाख करोड़ रुपए) की हो गई है, जो फ्रांस की इकोनॉमी से अधिक है।

स्टेनली का भरोसा

रेटिंग एजेंसी मॉर्गन स्टेनली ने कहा है कि इस वित्त-वर्ष में सकल घरेलू उत्पाद (जीडीपी) के 7.5 प्रतिशत की दर से वृद्धि करने का अनुमान है। स्टेनली की रिपोर्ट में कहा गया है कि वृद्धि में सुधार तेज रहने का अनुमान है। उसके अनुमान के मुताबिक, इस वित्त-वर्ष में जीडीपी पिछले वित्त-वर्ष की 6.7 प्रतिशत की दर की तुलना में 7.5 प्रतिशत की दर से वृद्धि करेगी।

इसके पहले मॉर्गन स्टेनली यह भी कह चुका है कि भारत अगले 10 वर्षों में दुनिया में सबसे तेज रफ्तार से बढ़ने वाली अर्थव्यवस्थाओं में शुमार हो जाएगा। खासतौर पर डिजिटलीकरण, वैश्वीकरण और सुधारों के चलते आने वाले दशक में भारत दुनिया की सबसे तेजी से बढ़ती अर्थव्यवस्था होगी। डिजिटलीकरण से जीडीपी वृद्धि को 0.5 से 0.75 प्रतिशत की बढ़त मिलेगी और अनुमान है कि 2026-27 तक भारत की अर्थव्यवस्था 6,000 अरब डॉलर की हो जाएगी। मॉर्गन स्टेनली के अनुसार, आने वाले दशक में भारत की सालाना जीडीपी वृद्धि-दर 7.1 से 11.2 के बीच रहेगी।

रिजर्व बैंक की उम्मीद

कंपनियों के बेहतर वित्तीय और गांवों में अच्छी मांग को देखते हुए रिजर्व

बैंक ने मौजूदा वित्त-वर्ष 2018-19 के लिए जीडीपी वृद्धि-दर 7.4 प्रतिशत रहने का अनुमान बरकरार रखा है। आरबीआई ने कहा कि विभिन्न संकेतों से पता चलता है कि आर्थिक गतिविधि में मजबूती बनी हुई है। मानसून की अब तक की प्रगति और खरीफ फसलों के न्यूनतम समर्थन-मूल्य में सामान्य से अधिक वृद्धि से किसानों की आमदनी बढ़ने का सकारात्मक असर ग्रामीण इलाकों की मांग पर पड़ने की उम्मीद है। मौद्रिक नीति-समीक्षा में रिजर्व बैंक ने कहा कि इससे किसानों की आय और गांवों में वस्तु-मांग बढ़ेगी।

नीति-आयोग का भरोसा

नीति-आयोग का कहना है कि चालू वित्त-वर्ष में भारत की अर्थव्यवस्था की ग्रोथ रेट 7.5 प्रतिशत से ऊपर रह सकती है। आयोग का मानना है कि देश की अर्थव्यवस्था चालू वित्त-वर्ष में कम-से-कम 7.5 प्रतिशत की दर से बढ़ेगी और यह 7.8 प्रतिशत के स्तर को छू सकती है। आयोग ने कहा कि यह आई.एम.एफ. और वर्ल्ड बैंक की ओर से लगाए गए अनुमान से ज्यादा रहने वाली है। चूंकि वित्त-वर्ष 2018 की आखिरी तिमाही ग्रोथ रेट 7.7 प्रतिशत के स्तर पर रहा है, इसीलिए आने वाली तिमाहियों में ये इससे नीचे नहीं जा सकता।

केंद्रीय वित्त-मंत्री अरुण जेटली ने हाल ही में कहा कि बीते वित्त-वर्ष की चौथी तिमाही में हासिल हुई 7.7 प्रतिशत की वृद्धि-दर से एक बार फिर यह स्थापित हो गया है कि भारत दुनिया की सबसे तेजी से बढ़ती प्रमुख अर्थव्यवस्था है। उन्होंने कहा कि अभी यह रुख कई और सालों तक बना रहेगा।

413 अरब डॉलर का विदेशी मुद्रा-भंडार

प्रधानमंत्री नरेन्द्र मोदी के नेतृत्व में देश की अर्थव्यवस्था लगातार मजबूत हो रही है। देश का विदेशी मुद्रा-भंडार विगत 08 जून को समाप्त सप्ताह में 87.95 करोड़ डॉलर बढ़कर 413 अरब डॉलर हो गया।

भारतीय रिजर्व बैंक द्वारा जारी आंकड़े के अनुसार, 08 जून को समाप्त सप्ताह में विदेशी मुद्रा-भंडार का सबसे बड़ा घटक विदेशी मुद्रा-परिसंपत्ति 87.54 करोड़ डॉलर से बढ़कर 388.39 अरब डॉलर पर पहुंच गया। इस

दौरान स्वर्ण-भंडार 21.19 अरब डॉलर पर स्थिर रहा। विदेशी मुद्रा-भंडार ने 08 सितंबर, 2017 को पहली बार 400 अरब डॉलर का आंकड़ा पार किया था।

फिच ने अपना आकलन सुधारा

मोदी के नेतृत्व में देश की अर्थव्यवस्था लगातार सुधर रही है और मजबूत हो रही है। क्रेडिट रेटिंग एजेंसी फिच ने मौजूदा वित्त-वर्ष 2018-19 के लिए भारत की आर्थिक वृद्धि-दर के अनुमान को 7.3 प्रतिशत से बढ़ाकर 7.4 प्रतिशत कर दिया है। इसके साथ ही फिच ने 2019-20 के लिए वृद्धि-दर का पूर्वानुमान 7.5 प्रतिशत तय किया है। फिच ने अपने वैश्विक आर्थिक परिदृश्य में कहा, 'हमने 2018-19 के लिए भारत की आर्थिक वृद्धि-दर मार्च के 7.3 प्रतिशत के पूर्वानुमान से संशोधित कर 7.4 प्रतिशत कर दी है।' भारतीय अर्थव्यवस्था 2017-18 में 6.7 प्रतिशत और जनवरी-मार्च तिमाही में 7.7 प्रतिशत की दर से बढ़ी है।

फिच ने इसके पहले कहा था कि भारत विकास के मामले में अगले 5 वर्षों में चीन को पीछे छोड़ देगा। इसके साथ ही भारत सबसे तेजी से विकास करने वाला देश भी बन जाएगा। रिपोर्ट के मुताबिक, भारत फिच रेटिंग ग्लोबल इकनॉमिक आउटलुक में शामिल 10 सबसे बड़े उभरते बाजारों की सूची में शीर्ष पर है। फिच ने बताया कि अगले 5 सालों में चीन की जीडीपी जहां 5.5 प्रतिशत रहेगी, वहीं भारत की जीडीपी विकास-दर 6.7 रहेगी। उन्होंने बताया कि पूरी दुनिया में इस समय सबसे ज्यादा युवा-आबादी के ही चलते भारत अगले 5 सालों में दुनिया में सबसे तेजी से बढ़ने वाली अर्थव्यवस्था बन जाएगी।

सी.आई.आई. का सर्वे

भारतीय उद्योग-जगत् के दिग्गज सीईओ को लेकर किए गए सी.आई. आई. के सर्वे के मुताबिक, मौजूदा वित्त-वर्ष में इकनॉमिक ग्रोथ 7 प्रतिशत से ज्यादा रह सकती है। सर्वेक्षण में शामिल इन सीईओ का कहना है कि इससे घरेलू बाजार में निवेश को खासा बढ़ावा मिल सकता है। सी.आई.आई. के अध्यक्ष राकेश भारती मित्तल ने कहा कि उद्योग-जगत् को अगले दो साल

जीडीपी ग्रोथ 8 प्रतिशत रहने की उम्मीद है। उनका कहना है कि सरकारी खजाने से होने वाले खर्च के मोर्चे पर समझदारी दिखाने, मैक्रो इकनॉमिक मैनेजमेंट और स्ट्रॉन्ग रिफॉर्म्स से ग्रोथ की ठोस बुनियाद बनी है। पुणे में सी.आई.आई. की हालिया बैठक में 80 से ज्यादा सीनियर कॉरपोरेट लीडर्स की मौजूदगी में यह सर्वे हुआ। सर्वे में शामिल 82 प्रतिशत कॉरपोरेट दिग्गजों का मानना है कि 2018-19 में जीडीपी ग्रोथ 7 प्रतिशत से ज्यादा रह सकती है। लगभग 10 प्रतिशत कॉरपोरेट लीडर्स ने इकनॉमिक ग्रोथ 7.5 प्रतिशत से ज्यादा रहने का अनुमान जताया है।

केंद्र की नरेन्द्र मोदी-सरकार के चार साल पूरा होने पर सी.आई.आई. ने कहा कि पिछले चार वर्षों में सरकार ने चरणबद्ध तरीके से कारोबार सुगमता, बैंकों की गैर-निष्पादित परिसंपत्ति (एन.पी.ए.), प्रत्यक्ष विदेशी निवेश (एफ. डी.आई.), नियम, ढांचागत निर्माण और असफल उद्यमों का निस्तारण जैसी अर्थव्यवस्था की मुख्य दिक्कतों को दूर किया है।

रेटिंग एजेंसी केयर और इक्रा

उद्योग एवं कृषि-क्षेत्र के बेहतर प्रदर्शन से देश के सकल घरेलू उत्पाद (जीडीपी) की वृद्धि-दर चालू वित्त-वर्ष में बढ़कर 7.5 प्रतिशत रह सकती है। रेटिंग एजेंसी केयर रेटिंग्स के मुख्य अर्थशास्त्री मदन सबनवीस के शब्दों में, 'हम 2018-19 में जीडीपी में 7.5 प्रतिशत वृद्धि-दर पिछले वित्त-वर्ष में 6.6 प्रतिशत थी।

इसी तरह रेटिंग एजेंसी इक्रा ने कहा है कि '2017-18 की जनवरी-मार्च तिमाही में जीडीपी वृद्धि 7.4 प्रतिशत रहने की उम्मीद है, जो तीसरी तिमाही के 7.2 प्रतिशत से अधिक है।' इक्रा को उम्मीद है कि उद्योग और कृषि, वानिकी, मत्स्य और सेवा-क्षेत्र की गतिविधियों में तेजी के चलते पिछली तिमाही के मुकाबले चौथी तिमाही में सुधार होगा।

अगला दशक भारत का

हार्वर्ड विश्वविद्यालय ने कहा है कि भारत अगले 10 साल दुनिया में सबसे तेजी से बढ़ने वाली अर्थव्यवस्थाओं में शीर्ष पर बना रहेगा। हार्वर्ड विश्वविद्यालय के अंतरराष्ट्रीय विकास-केंद्र की रिपोर्ट में कहा गया है कि

इस दौरान भारत की आर्थिक वृद्धि-दर सलाना 7.9 प्रतिशत रहने का अनुमान है। इस लिहाज से भारत की वृद्धि-दर चीन और अमेरिका से अधिक रहेगी। हार्वर्ड की रिपोर्ट ने 2026 में चीन की वृद्धि-दर 4.9 प्रतिशत और अमेरिका की वृद्धि-दर 3 प्रतिशत रहने का अनुमान जताया गया है। रिपोर्ट में कहा गया है कि भारत में पिछले कुछ सालों में जो सुधार हुए, उनसे अर्थव्यवस्था के तेजी से बढ़ने की संभावना पैदा हो रही है।

भारत की अर्थव्यवस्था की गति और इसकी मजबूती पर हार्वर्ड यूनिवर्सिटी के एक अध्ययन में माना गया है कि भारत चीन से आगे बढ़कर वैश्विक विकास के आर्थिक स्तंभ के रूप में उभरा है और आने वाले दशक में उसका यह विकास जारी रहेगा। सेंटर फॉर इंटरनेशनल डेवलपमेंट (सीआईडी) ने 2025 तक सबसे तेजी से विकास करने वाली अर्थव्यवस्थाओं की लिस्ट में भारत को सबसे ऊपर रखा है। सीआईडी के अनुमान के अनुसार, भारत 2025 तक सबसे तेजी से बढ़ती अर्थव्यवस्थाओं की सूची में सबसे ऊपर रहेगा। सीआईडी के रिसर्च से यह निकलकर आया है कि वैश्विक आर्थिक विकास की धुरी अब भारत है। चीन की तुलना में दुनिया का भरोसा भारत पर बढ़ा है, जो आने वाले एक दशक से अधिक समय तक कायम रह सकता है।

डॉयचे का अनुमान

देश की अर्थव्यवस्था के लिए हर तरफ से अच्छी खबर आ रही है। मौजूदा वित्त-वर्ष 2018-19 में देश की आर्थिक वृद्धि-दर 7.5 प्रतिशत रहने का अनुमान है। वैश्विक वित्तीय सेवा-प्रदाता कंपनी डॉयचे बैंक ने अपनी एक रिपोर्ट में कहा है, 'वित्त-वर्ष 2018-19 के लिए हमारा आर्थिक वृद्धि-दर-अनुमान 7.5 प्रतिशत का है, जो कि बीते वित्त-वर्ष 2017-18 के 6.6 प्रतिशत की ग्रोथ के मुकाबले जीडीपी की संभावनाओं में और सुधार करेगा।'

निवेश के साथ उपभोग भी बढ़ा

जापान की वित्तीय सेवा-क्षेत्र की कंपनी नोमूरा की एक रिपोर्ट में कहा गया है कि निवेश और उपभोग में सुधार से साल की पहली छमाही में जीडीपी की औसत वृद्धि-दर 7.8 प्रतिशत रहेगी। नोमूरा के अनुसार, निवेश

और उपयोग की मांग में बढ़ोतरी से मुख्य रूप से वृद्धि-दर को रफ्तार मिलेगी। नोमूरा ने इसके पहले भी भारत की ग्रोथ के बारे में पॉजिटिव रिपोर्ट दी थी।

ब्रिक्स देशों में अग्रणी

पेशेवर सेवा-प्रदाता कंपनी के.पी.एम.जी. ने कहा कि ब्रिक्स देशों में भारत सर्वाधिक आर्थिक विकास-दर वाला देश है। ब्रिक्स के देशों में ब्राजील, रूस, भारत, चीन और दक्षिण अफ्रीका शामिल हैं। के.पी.एम.जी. इंडिया के चैयरमेन और सीईओ अरुण एम. कुमार ने कहा कि भारत आज टिकाऊ विकास की ओर अग्रसर है।

विदेशी मुद्रा-भंडार की समृद्धि

एशियाई विकास बैंक (एडीबी) ने हाल ही में यह भी कहा है कि भारत के पास विदेशी मुद्रा-भंडार का अच्छा संग्रह है। एडीबी के मुख्य अर्थशास्त्री यासुयुकी सवादा ने कहा है कि विदेशी मुद्रा-भंडार मजबूत होने के कारण भारत को रुपए में उतार-चढ़ाव से चिंतित होने की जरूरत नहीं है। सवादा के मुताबिक, 'विदेशी मुद्रा-भंडार समय के साथ बढ़ ही रहा है, इसमें गिरावट के कोई संकेत नहीं हैं। इसीलिए मुझे लगता है कि विनिमय-दर में उतार-चढ़ाव से हमें खास परेशान नहीं होना चाहिए।' मोदी की सरकार बनने के बाद 13 अप्रैल, 2018 को समाप्त सप्ताह में विदेशी मुद्रा-भंडार अब तक के सर्वकालिक उच्च स्तर 426.082 अरब डॉलर पर पहुंच गया।

विदेशी मुद्रा-भंडार ने 8 सितंबर, 2017 को पहली बार 400 अरब डॉलर का आंकड़ा पार किया था, जबकि यूपीए शासन-काल के दौरान 2014 में विदेशी मुद्रा-भंडार अरब के करीब था।

2018 में चीन से आगे भारत

सैंक्टम वेल्थ मैनेजमेंट ने कहा कि अर्थव्यवस्था के मामले में भारत ने 2018 में चीन को भी पीछे छोड़ दिया। सैंक्टम वेल्थ मैनेजमेंट की रिपोर्ट में कहा गया कि 2018 में भारत की अर्थव्यवस्था में तेजी आई है और वह

चीन के मुकाबले आगे निकल गया है। इसके साथ ही रिपोर्ट में यह भी कहा गया है कि 2018 में ही इक्विटी मार्केट के मामले में भारत दुनिया का 5वां सबसे बड़ा बाजार बन जाएगा।

सैंक्टम वेल्थ मैनेजमेंट की रिपोर्ट में यह भी कहा गया है कि ऐसे समय में, जब विकसित देशों की जीडीपी 2 से 3 प्रतिशत की दर से आगे बढ़ रही हो, भारत की अर्थव्यवस्था 7.5 की दर से विकास कर रही है, जबकि चीन की अर्थव्यवस्था में गिरावट का दौर जारी है

टॉप 5 अर्थव्यवस्था में होगा भारत

सेंटर फॉर इकोनॉमिक्स ऐंड बिजनेस रिसर्च (सी.ई.बी.आर.) की रिपोर्ट के अनुसार, भारत 2018 में ब्रिटेन और फ्रांस को पीछे छोड़कर पांचवी सबसे बड़ी अर्थव्यवस्था बनने की तैयारी कर रहा है। सी.ई.बी.आर. के डिप्टी चेयरमैन डोगलस मैकविलियम ने कहा है कि वर्तमान में अस्थायी असफलताओं के बावजूद भारत की अर्थव्यवस्था फ्रांस और ब्रिटेन की अर्थव्यवस्था के बराबर टक्कर दे रही है। अगर भारत की अर्थव्यवस्था इसी क्रम में बढ़ती रही तो यह अगले साल 2018 में फ्रांस और ब्रिटेन की अर्थव्यवस्था को पीछे छोड़ देगा और दुनिया की शीर्ष पांचवीं सबसे बड़ी अर्थव्यवस्था बन जाएगा।

गोल्डमैन का गोल्डन अनुमान

प्रसिद्ध निवेश संस्था गोल्डमैन सैक्स के मुताबिक, वित्तीय वर्ष 2018-19 में भारत 8 फीसदी की दर से विकास करेगा। इसके पीछे का मुख्य कारण होगा, बैंकों का पुनः पूंजीकरण। गोल्डमैन का मानना है कि बैंकों के पूंजीकरण से देश के क्रेडिट डिमांड और निजी निवेश को मजबूती मिलेगी। गोल्डमैन के मुताबिक, 'हम भारत की जीडीपी विकास को वित्तीय वर्ष 2018-19 के लिए 8 फीसदी पर निर्धारित कर रहे हैं।

2017-18 में हालांकि जीडीपी विकास 6.4 फीसदी पर रहा, जिसका मुख्य कारण नोटबंदी और जीएसटी का शुरुआती प्रभाव रहा, लेकिन बैंकों का पुन:पूंजीकरण जीडीपी के विकास में मददगार साबित होगा।'

अर्थव्यवस्था को वैश्विक उछाल

एक अमेरिका टॉप थिंक-टैंक काउंसिल में भारत, पाकिस्तान और साउथ एशिया मामलों की वरिष्ठ सदस्य अलीसा एयर्स ने कहा है कि भारत की अर्थव्यवस्था उसे व्यापक वैश्विक महत्त्व और देश की सैन्य क्षमताओं के विस्तार तथा आधुनिकीकरण के लिए ऊर्जा दे रही है। अलीसा के अनुसार, 'भारत ने अपनी अर्थव्यवस्था को बेहतर वैश्विक उछाल दिया है। इसकी मदद से भारत अपनी सैन्य क्षमताओं का विस्तार और आधुनिकीकरण कर रहा है।' 'फोर्ब्स' में छपे आर्टिकल में अलीसा कहती हैं, 'पिछले वर्षों में भारत दुनिया-भर में विदेशी और अंतरराष्ट्रीय आर्थिक नीतियों के संदर्भ में एक बड़ा कारक बनकर उभरा है और अब वैश्विक मंच पर भारत ज्यादा मुखर दिखाई दे रहा है। दरअसल, भारत खुद को एक 'प्रमुख शक्ति' के रूप में देख रहा है।'

लॉज की सराहना

मध्य-पूर्व और अंतरराष्ट्रीय अर्थव्यवस्था के विश्लेषक फ्रिट्स लॉज ने 'द सिफर ब्रीफ' में छपे अपने एक लेख में भी भारत की प्रशंसा की है और मोदी के नेतृत्व की प्रशंसा की है। फ्रिट्स लॉज ने लिखा, 'पी.एम. नरेन्द्र मोदी भारत को आर्थिक, सैन्य तथा भू-राजनीतिक शक्ति से योग्य बनाने के अपने सपने के साथ आगे बढ़ रहे हैं।'

विदेशी कंपनियों की पसंदीदा जगह

चीन के सरकारी अखबार 'ग्लोबल टाइम्स' ने कहा है कि भारत विदेशी कंपनियों के लिए खूब आकर्षण बन रहा है। अखबार के एक लेख में कहा गया है कि कम लागत में उत्पादन धीरे-धीरे चीन से हट रहा है। इसमें लिखा है कि भारत-सरकार ने देश के बाजार एकीकरण के लिए जीएसटी लागू किया है। यह अंतरराष्ट्रीय निवेशकों को आकर्षित करने वाला है। इस नई टैक्स-व्यवस्था से 'मेक इन इंडिया' पहल को बढ़ावा मिलने की उम्मीद है, क्योंकि इसमें राज्य और केंद्र के विभिन्न करों को मिला दिया गया है। लेख में कहा गया है कि आजादी के बाद के सबसे बड़े आर्थिक सुधार जीएसटी से फॉक्सकॉन-जैसी बड़ी कंपनी भारत में निवेश करने के अपने वादे के साथ आगे बढ़ेगी।

मैन्युफैक्चरिंग ग्रोथ 5 साल में सर्वाधिक

देश में दिसंबर, 2017 में भी मैन्युफैक्चरिंग ऐक्टिविटीज में तेजी का रुख रहा। नए ऑर्डरों और उत्पादन में तेज बढ़ोतरी के दम पर देश के विनिर्माण-क्षेत्र ने दिसंबर में तेज उड़ान भरी और इसका निक्कई पी.एम.आई. सूचकांक नवंबर के 52.6 से बढ़कर 54.7 पर पहुंच गया। दिसंबर में उत्पादन-वृद्धि की रफ्तार पांच साल में सबसे तेज रही, जबकि नए ऑर्डरों में अक्टूबर, 2016 के बाद की सबसे तेज बढ़ोतरी दर्ज की गई। कंपनियों ने नए रोजगार भी दिए और रोजगार-वृद्धि-दर अगस्त, 2012 के बाद के उच्चतम स्तर पर रही।

विदेशी ऋण में 2.7 प्रतिशत की कमी

केंद्र-सरकार की रिपोर्ट के अनुसार, भारत का विदेशी ऋण 13.1 अरब डॉलर यानी 2.7 प्रतिशत घटकर 471.9 अरब डॉलर रह गया है। यह आंकड़ा मार्च, 2017 तक का है। इसके पीछे मुख्य वजह प्रवासी भारतीय जमा और वाणिज्यिक कर्ज उठाव में गिरावट आना है। रिपोर्ट के अनुसार, मार्च, 2017 के अंत में सकल घरेलू उत्पाद (जीडीपी) और विदेशी ऋण का अनुपात घटकर 20.2 प्रतिशत रह गया, जो मार्च, 2016 की समाप्ति पर 23.5 प्रतिशत था। इसके साथ ही लॉन्ग टर्म विदेशी कर्ज 383.9 अरब डॉलर रहा है, जो पिछले साल के मुकाबले 4.4 प्रतिशत कम है।

बेहतर हुआ व्यापार-संतुलन

भारत-सरकार के आंकड़ों के अनुसार, अप्रैल-जुलाई 2013-14 में अनुमानित व्यापार-घाटा 62,448.16 मिलियन अमेरिकी डॉलर का था, वहीं अप्रैल-जनवरी, 2016-17 के दौरान 38,073.08 मिलियन अमेरिकी डॉलर था, जबकि अप्रैल-जनवरी, 2015-16 में यह 54,187.74 मिलियन अमेरिकी डॉलर के व्यापार-घाटे से भी 29.7 प्रतिशत कम है। यानी व्यापार-संतुलन की दृष्टि से भी मोदी-सरकार में स्थिति उत्तरोत्तर बेहतर होती जा रही है और 2013-14 की तुलना में लगभग 35 प्रतिशत तक सुधार आया है।

बेहतर हुआ कारोबारी माहौल

मोदी ने सत्ता संभालते ही विभिन्न क्षेत्रों में विकास की गति तेज की

और देश में बेहतर कारोबारी माहौल बनाने की दिशा में भी काम करना शुरू किया। इसी प्रयास के अंतर्गत 'ईज ऑफ डूइंग बिजनेस'-नीति देश में कारोबार को गति देने के लिए एक बड़ी पहल है। इसके तहत बड़े, छोटे, मझोले और सूक्ष्म सुधारों सहित कुल 7,000 उपाय किए गए हैं। सबसे खास बात यह है कि केंद्र और राज्य द्वारा सहकारी संधावाद की संकल्पना को साकार रूप दिया गया है।

11. मोदी के अटल जी!

कभी सोचा नहीं था कि अटल जी के बारे में ऐसा लिखने के लिए कलम उठानी पड़ेगी। देश और दुनिया अटल जी को एक स्टेट्समैन, धाराप्रवाह वक्ता, संवेदनशील कवि, विचारवान लेखक, धारदार पत्रकार और विजनरी जननेता के तौर पर जानती है। लेकिन मेरे लिए उनका स्थान इससे भी ऊपर का था। सिर्फ इसलिए नहीं कि मुझे उनके साथ बरसों तक काम करने का अवसर मिला, बल्कि मेरे जीवन, मेरी सोच, मेरे आदर्श-मूल्यों पर जो छाप उन्होंने छोड़ी, जो विश्वास उन्होंने मुझ पर किया, उसने मुझे गढ़ा, हर स्थिति में अटल रहना सिखाया है।

अटल जी अब नहीं रहे। मन नहीं मानता। अटल जी, मेरी आंखो के सामने हैं, स्थिर हैं। जो हाथ मेरी पीठ पर धौल जमाते थे, जो स्नेह से, मुस्कुराते हुए मुझे अंकवार में भर लेते थे, वे स्थिर हैं। अटल जी की ये स्थिरता मुझे झकझोर रही है, अस्थिर कर रही है। एक जलन-सी है आंखो में, कुछ कहना है, बहुत कुछ कहना है, लेकिन कह नहीं पा रहा। मैं खुद को बार-बार यकीन दिला रहा हूं कि अटल जी अब नहीं हैं, लेकिन ये विचार आते ही खुद को इस विचार से दूर कर रहा हूं। क्या अटल जी वाकई नहीं हैं? नहीं। मैं उनकी आवाज अपने भीतर गूंजते हुए महसूस कर रहा हूं, कैसे कह दूं, कैसे मान लूं, वे अब नहीं हैं। वे पंचतत्त्व हैं। वे आकाश, पृथ्वी, जल, अग्नि, वायु—सबमें व्याप्त हैं, जब उनसे पहली बार मिला था, उसकी स्मृति ऐसी है, जैसे कल की ही बात हो। इतने बड़े नेता, इतने बड़े विद्वान्। लगता था, जैसे शीशे के उस पार की दुनिया से निकलकर कोई सामने आ गया है। जिसका इतना नाम सुना था, जिसको इतना पढ़ा था, जिससे बिना मिले, इतना कुछ सीखा था, वो मेरे सामने था। जब पहली बार उनके मुंह

से मेरा नाम निकला तो लगा, पाने के लिए बस इतना ही बहुत है। बहुत दिनों तक मेरा नाम लेती हुई उनकी वह आवाज मेरे कानों से टकराती रही। मैं कैसे मान लूं कि वह आवाज अब चली गई है।

हमारे देश में अनेक ऋषि, मुनि, संत-महात्माओं ने जन्म लिया है। देश की आजादी से लेकर आज तक की विकास-यात्रा के लिए भी असंख्य लोगों ने अपना जीवन समर्पित किया है, लेकिन स्वतंत्रता के बाद लोकतंत्र की रक्षा और 21वीं सदी के सशक्त, सुरक्षित भारत के लिए अटल जी ने जो किया, वह अभूतपूर्व है। उनके लिए राष्ट्र सर्वोपरि था–बाकी सबका कोई महत्त्व नहीं।

इंडिया फर्स्ट–भारत प्रथम, यह मंत्र-वाक्य उनका जीवन ध्येय था। पोखरण देश के लिए जरूरी था तो चिंता नहीं की प्रतिबंधों और आलोचनाओं की, क्योंकि देश प्रथम था। सुपर कंप्यूटर नहीं मिले, क्रायोजेनिक इंजन नहीं मिले, तो परवाह नहीं, हम खुद बनाएंगे। हम खुद अपने दम पर अपनी प्रतिभा और वैज्ञानिक कुशलता के बल पर असंभव दिखने वाले कार्य संभव कर दिखाएंगे। और ऐसा किया भी। दुनिया को चकित किया। सिर्फ एक ताकत उनके भीतर काम करती थी–देश प्रथम की जिद।

काल के कपाल पर लिखने और मिटाने की ताकत, हिम्मत और चुनौतियों के बादलों में विजय का सूरज उगाने का चमत्कार उनके सीने में था, तो इसलिए, क्योंकि वह सीना, देश प्रथम के लिए धड़कता था। इसलिए हार और जीत उनके मन पर असर नहीं करती थी। सरकार बनी तो भी, सरकार एक वोट से गिरा दी गई तो भी, उनके स्वरों में पराजय को भी विजय के ऐसे गगन-भेदी विश्वास में बदलने की ताकत थी कि जीतने वाला ही हार मान बैठे।

अटल जी कभी लीक पर नहीं चले। उन्होंने सामाजिक और राजनीतिक जीवन में नए रास्ते बनाए और तय किए। 'आंधियों में भी दीये जलाने' की क्षमता उनमें थी। पूरी बेबाकी से वे जो कुछ भी बोलते थे, सीधा जनमानस के हृदय में उतर जाता था। अपनी बात को कैसे रखना है, कितना कहना है और कितना अनकहा छोड़ देना है, इसमें उन्हें महारत हासिल थी। राष्ट्र की जो उन्होंने सेवा की, विश्व में मां भारती के मान-सम्मान को उन्होंने जो बुलंदी दी, इसके लिए उन्हें अनेक सम्मान भी मिले। देशवासियों ने उन्हें

'भारतरत्न' देकर अपना मान भी बढ़ाया। लेकिन वे किसी भी विशेषण, किसी भी सम्मान से ऊपर थे। जीवन कैसे जिया जाए, राष्ट्र के काम कैसे आया जाए– यह उन्होंने अपने जीवन से दूसरों को सिखाया।

वे कहते थे, 'हम केवल अपने लिए ना जीएं, औरों के लिए जीएं... हम राष्ट्र के लिए अधिकाधिक त्याग करें। अगर भारत की दशा दयनीय है तो दुनिया में हमारा सम्मान नहीं हो सकता। किंतु यदि हम सभी दृष्टियों से सुसंपन्न हैं तो दुनिया हमारा सम्मान करेगी।' देश के गरीब, वंचित, शोषित के जीवन स्तर को ऊपर उठाने लिए वे जीवन-भर प्रयास करते रहे। वे कहते थे, 'गरीबी, दरिद्रता गरिमा का विषय नहीं है, बल्कि यह विवशता है, मजबूरी है, और विवशता का नाम संतोष नहीं हो सकता।' करोड़ों देशवासियों को इस विवशता से बाहर निकालने के लिए उन्होंने हर संभव प्रयास किए। गरीब को अधिकार दिलाने के लिए देश में 'आधार'-जैसी व्यवस्था, प्रक्रियाओं का ज्यादा-से-ज्यादा सरलीकरण, हर गांव तक सड़क, स्वर्णिम चतुर्भुज, देश में विश्वस्तरीय इन्फ्रास्ट्रक्चर, राष्ट्र-निर्माण के उनके संकल्पों से जुड़ा था। आज भारत जिस टेक्नोलॉजी के शिखर पर खड़ा है, उसकी आधारशिला अटल जी ने ही रखी थी।

वे अपने समय से बहुत दूर तक देख सकते थे–स्वप्नद्रष्टा थे, लेकिन कर्मवीर भी थे। कवि-हृदय, भावुक मन के थे तो पराक्रमी सैनिक मन वाले भी थे। उन्होंने कई विदेशी यात्राएं की। जहां-जहां भी गए, स्थायी मित्र बनाए और भारत के हितों की स्थायी आधारशिला रखते गए। वे भारत की विजय और विकास के स्वर थे।

अटल जी का प्रखर राष्ट्रवाद और राष्ट्र के लिए समर्पण करोड़ों देशवासियों को हमेशा से प्रेरित करता रहा है। राष्ट्रवाद उनके लिए सिर्फ एक नारा नहीं था, बल्कि जीवन-शैली थी। वे देश को सिर्फ एक भूखंड, जमीन का टुकड़ा भर नहीं मानते थे, बल्कि एक जीवंत, संवेदनशील इकाई के रूप में देखते थे। 'भारत जमीन का टुकड़ा नहीं, जीता-जागता राष्ट्रपुरुष है।' यह सिर्फ भाव नहीं, बल्कि उनका संकल्प था, जिसके लिए उन्होंने अपना जीवन न्योछावर कर दिया। दशकों का सार्वजनिक जीवन उन्होंने अपनी इसी सोच को जीने में, धरातल पर उतारने में लगा दिया।

आपातकाल ने हमारे लोकतंत्र पर जो दाग लगाया था, उसको मिटाने के लिए अटल जी के प्रयास को देश हमेशा याद रखेगा। राष्ट्रभक्ति की भावना, जनसेवा की प्रेरणा उनके नाम के ही अनुकूल अटल रही। भारत उनके मन में रहा। उन्होंने देश की जनता को ही अपना आराध्य माना। भारत के कण-कण, कंकड़-कंकड़, भारत की बूंद-बूंद को, पवित्र और पूजनीय माना। जितना सम्मान, जितनी ऊंचाई अटल जी को मिली, उतना ही अधिक वो जमीन से जुड़ते गए।

अपनी सफलता को कभी भी उन्होंने अपने मस्तिष्क पर प्रभावी नहीं होने दिया। प्रभु से यश-कीर्ति की कामना अनेक व्यक्ति करते हैं, लेकिन ये अटल जी ही थे, जिन्होंने कहा, 'मेरे प्रभु! मुझे इतनी ऊंचाई कभी मत देना कि गैरों को गले ना लगा सकूं, इतनी रुखाई कभी मत देना।' अपने देशवासियों से इतनी सहजता और सरलता से जुड़े रहने की यह कामना ही उनको सामाजिक जीवन के एक अलग पायदान पर खड़ा करती है।

वे पीड़ा सहते थे, वेदना को चुपचाप अपने भीतर समाए रहते थे, पर सबको अमृत देते रहे—जीवन-भर। जब उन्हें कष्ट हुआ तो कहने लगे—'देह धरण को दंड है, सब काहू को होय, ज्ञानी भुगते ज्ञान से मूरख भुगते रोय।' उन्होंने ज्ञान-मार्ग से अत्यंत गहरी वेदनाएं भी सहन कीं और वीतरागी भाव से विदा ले गए। यदि भारत उनके रोम-रोम में था तो विश्व की वेदना उनके मर्म को भेदती थी। इसी वजह से 'हिरोशिमा'- जैसी कविताओं का जन्म हुआ। वे विश्व-नायक थे, मां भारती के सपूत थे, भारत की सीमाओं के परे भारत की कीर्ति और करुणा का संदेश स्थापित करने वाले आधुनिक बुद्ध थे।

कुछ वर्ष पहले लोकसभा में जब उन्हें वर्ष के सर्वश्रेष्ठ सांसद के सम्मान से सम्मानित किया गया था, तब उन्होंने कहा था, 'यह देश बड़ा अद्भुत है, अनूठा है। किसी भी पत्थर को सिंदूर लगाकर अभिवादन किया जा रहा है, अभिवादन किया जा सकता है।' अपने पुरुषार्थ को, अपनी कर्तव्यनिष्ठा को राष्ट्र के लिए समर्पित करना उनके व्यक्तित्व की महानता को प्रतिबिंबित करता है। यही सवा सौ करोड़ देशवासियों के लिए उनका सबसे बड़ा और प्रखर संदेश है। देश के साधनों, संसाधनों पर पूरा भरोसा करते हुए, हमें अब अटल जी के सपनों को पूरा करना है, उनके

सपनों का भारत बनाना है। नए भारत का यही संकल्प, यही भाव लिए मैं अपनी तरफ से और सवा सौ करोड़ देशवासियों की तरफ से अटल जी को श्रद्धांजलि अर्पित करता हूं, उन्हें नमन करता हूं।

(पूर्व प्रधानमंत्री अटल बिहारी वाजपेयी के निधन पर प्रधानमंत्री नरेन्द्र मोदी द्वारा लिखे गए ब्लॉग का संपादित अंश)

12. हमारा स्वदेशी चंद्रयान-2

भारतीय अंतरिक्ष अनुसंस्थान संगठन इसरो हमारा राष्ट्रीय अंतरिक्ष संस्थान है जिसका कार्यालय बेंगलूर में है। इसी कार्यालय में 7 सितंबर, 2019 को वैज्ञानिकों और बच्चों के साथ नरेन्द्र मोदी चंद्रयान-2 का चांद के दक्षिण ध्रुव पर उतरने का लाइव प्रसारण देख रहे थे और उनका हौसला बढ़ा रहे थे। वे देशवासियों को ट्वीट करने में भी लगे थे कि पूरा देश इसका लाइव प्रसारण देखे। रात के दो बजने वाले थे और चंद्रयान-2 चांद से महज 2 किलोमीटर दूर गया था कि अचानक इसरो से उसका संपर्क टूट गया। अगर ऐसा हो जाता तो भारत पहला ऐसा देश बन जाता जिसने चांद के दक्षिणी ध्रुव पर चंद्रयान उतारा हो। सारी खुशियां एकाएक थम गई। सभी वैज्ञानिक अवाक और परेशान। चंद्रयान के दो हिस्से लैंडर और रोवर प्रज्ञान को चांद की सतह पर उतरना था। जो सफल नहीं हो सका, लेकिन आर्बिट्र जो तीसरा हिस्सा है चांद का चक्कर लगा रहा है। ऐसे में प्रधानमंत्री नरेन्द्र मोदी ने जिस तरह इसरो के वैज्ञानिक का हौसला बढ़ाया वह देखने योग्य था। उन्होंने कहा कि विज्ञान में विफलता नहीं होती, केवल प्रयोग और प्रयास होते हैं, जो जारी रहेंगे। हर प्रयोग ज्ञान के नए बीज बोता है। नई संभावनाओं की नींव रखता है। एक नई सुबह आएगी और एक बेहतर कल होगा। परिणाम की चिंता किए बगैर हम आगे बढ़ेंगे और यही हमारा इतिहास रहा है। इसरो के वैज्ञानिक प्रेरणा के जीते जागते उदाहरण हैं। असफलता की धुंध को और कम करने के लिए मोदी ने कहा कि इस मिशन पर कोई कवि लिखता तो कहता–'चंद्रयान चंद्रमा को गले लगाने दौड़ पड़ा।' वैज्ञानिकों को संबोधित करने के बाद प्रधानमंत्री जब इसरो कमांड सेंटर से जाने लगे तो चेयरमैन डॉ. के. सिवन भावुक हो गए। तब मोदी ने उन्हें गले लगा लिया और खुद भी भावुक हो गए। बाद

में सिवन ने कहा कि 'यह पल जिंदगी भर नहीं भूल सकूंगा।' अथक मेहनत के बाद की विफलता पर दिल भर आना सहज है।

पूर्णरूप से स्वदेश में निर्मित चंद्रयान-2 के चांद के तल पर उतरने में विफल रहने की चर्चाओं के बीच इसरो ने साफ कर दिया है कि मिशन 99.5 प्रतिशत तक सफल रहा। दरअसल चंद्रयान-2 मिशन के दो लक्ष्य थे। पहला विज्ञान से जुड़ा है और दूसरा टेक्नोलॉजी का प्रदर्शन। विज्ञान का बड़ा हिस्सा ऑर्बिटर से जुड़ा है। लैंडर और रोवर मुख्यत: तकनीक प्रदर्शन के लिए थे। ऑर्बिटर अपना काम कर रहा है। उसके कैमरे से हम पूरे चांद का हाई रिजोल्यूशन मैप तैयार कर रहे हैं। आर्बिटर में कुछ खास पेलोड हैं। एक है ड्यूल बैंड एसएआर। इसमें एल और एस बैंड है। अब तक चंद्रमा की परिक्रमा कर रहे सभी आर्बिटर में सिंगल बैंड है। इस मिशन में एल बैंड चंद्रमा के तल से 10 मी. अंदर तक झांक सकता है। यह चांद पर पानी और बर्फ खोजेगा। हमें काफी डेटा देगा। इससे हमारे विज्ञान के हिस्से की जरूरत पूरी होगी। हमारा आर्बिटर चंद्रमा के चक्कर लगाएगा। ड्यूल बैंड एसएआर के डेटा के आधार पर काफी रिसर्च कर सकेंगे। ध्रुवीय के हाई रिजॉल्यूशन फोटो और इमेजिंग आईआर स्पेक्ट्रोमीटर डेटा भी मिलेगा, जो पूरी दुनिया को उपलब्ध होगा।

नासा ने ट्वीट कर इसरो से कहा कि अंतरिक्ष कठिन है। हम इसरो के चंद्रमा के दक्षिणी ध्रुव पर चंद्रयान-2 को उतारने के प्रयास की सराहना करते हैं। आपने हमें प्रेरित किया है और भविष्य में हम सौर मंडल का पता लगाने के लिए साथ काम करेंगे।

बीबीसी ने कहा चांद के अधूरे सफर में भी भारत की जीत है। विक्रम लैंडर से भले निराशा मिली है, लेकिन चांद के इस अधूरे सफर में भी भारत की जीत है। भारत ने पहले भी ऑर्बिटर पहुंचाया था, पर इस बार ऑर्बिटर ज्यादा आधुनिक है। यह विक्रम लैंडर और प्रज्ञान रोवर का प्रयोग था। यह जरूरी नहीं कि हर प्रयोग कामयाब हो ही जाए। अमेरिका के न्यूयॉर्क टाइम्स ने कहा चंद्रयान-2 के विक्रम लैंडर से संपर्क टूटने के बाद इसरो के कंट्रोल रूम में खामोशी छा गई। सभी इसरो के चेयरमैन सिवन को हौंसला देने लगे। यह चंद्रयान-2 की आंशिक विफलता है। भारत को पूरी सफलता पाने में थोड़ा और वक्त लगेगा।

यह मोदी का इसरो है। अब हम किसी देश के मुहताज नहीं रहे। हाल के वर्षों में अपने बलबूते इसरो ने जो कामयाबी हासिल की उसका दुनिया लोहा मान रही है। इसरो द्वारा संचालित जीएसएलवीश्रृंखला का एक लॉन्च व्हीकल है, जिसने 15 फरवरी, 2017 को कुल 104 उपग्रहों को पृथ्वी की कक्षा में स्थापित करके एक नया विश्वकीर्तिमान बनाया। अभी तक किसी देश में इतनी संख्या में उपग्रहों का एक साथ प्रक्षेपण नहीं किया था। पिछला रिकार्ड रूस के नाम था। रूस ने नेपर रॉकेट से 37 सेटेलाइट लॉन्च किया था। सबसे बड़ी बात यह है कि 104 उपग्रहों में 101 नैनो उपग्रह शामिल थे। जिसमें इजराइल, कजाकिस्तान, नीदरलैंड, स्विटजरलैंड, संयुक्त अरब अमीरात के एक-एक और अमेरिका के 96 सैटेलाइट थे। साथ ही भारत के दो नैनो उपग्रह भी थे। मंगलयान की कामयाबी के बाद इसरो को लगातार विदेशी सैटेलाइट लॉन्च करने के आर्डर मिल रहे हैं। भारत की इस उपलब्धि पर मोदी ने वैज्ञानिकों की जमकर तारीफ की।

इसरो के लिए 2016 का साल काफी अहम रहा। इस साल एक साथ 20 उपग्रह लॉन्च करने के अलावा इसरो ने अपना नाविक सैटेलाइट नेविगेशन प्रणाली स्थापित किया और दोबारा प्रयोग में आने वाले प्रक्षेपण यान और स्क्रैमजेट इंजन का सफल प्रयोग किया। इस साल इसरो ने कुल 34 उपग्रहों को अंतरिक्ष में उसकी कक्षा में स्थापित किया जिसमें 33 उपग्रहों को स्वदेश निर्मित रॉकेट से और एक उपग्रह फ्रांस के रॉकेट से स्थापित किया गया। इसरो ने 2016 में भारत का सातवां नेविगेशन उपग्रह (इंडियन रीजनल नेविगेशन सैटेलाइट सिस्टम) लॉन्च किया। इससे अमेरिका के जीपीएस सिस्टम के समान अपना खुद का सिस्टम मिल गया।

15 जुलाई, 2019 को श्रीहरिकोटा के सतीश धवन अंतरिक्ष से जब चंद्रयान-2 को लॉन्च किया गया तो पूरी दुनिया की नजर इस पर चली गई। चांद पर उतरने वाले देशों में इस बात को लेकर उत्सुकता थी कि आखिर बिना किसी विदेशी तकनीक के भारत यह काम कैसे करने जा रहा है। चंद्रयान-2 के लौटने की तिथि भी तय कर दी गई।

वास्तव में चंद्रयान-2 चंद्रयान-1 का ही नया संस्करण है। इसमें आर्बिटर के साथ-साथ लैंडर (विक्रम) और रोवर (प्रज्ञान) भी शामिल हैं। चंद्रयान-1 में सिर्फ आर्बिटर था जो चांद की कक्षा में घूमता था। चंद्रयान-2 के जरिए

भारत पहली बार चांद की सतह पर लैंडर उतार रहा है। चांद की कक्षा में पहुंचने के बाद आर्बिटर एक साल तक काम करेगा। इसका मुख्य काम पृथ्वी और लैंडर के बीच कम्युनिकेशन करना है। वह चांद की सतह का नक्शा तैयार करेगा ताकि चांद के अस्तित्व और विकास का पता लगाया जा सके। वही लैंडर और रोवर चांद पर एक दिन (पृथ्वी के 14 दिन के बराबर) काम करेंगे। लैंडर इस बात का पता लगाएगा कि चांद पर भूकंप आते हैं कि नहीं। जब्रकि रोवर चांद की सतह पर खनिज तत्त्वों की मौजूदगी का पता लगाएगा।

इसरो के वैज्ञानिक आईडीएसएन के साथ-साथ आर्बिटर और रोवर से संवाद भी कर सकते हैं। लैंडर को चांद पर एक नरम लैंडिग को ध्यान में रखकर डिजाइन किया गया।

चंद्रयान-2 को चांद पर भेजने से पहले इसरो ने चंद्रमा पर सुरक्षित लैंडिंग के लिए काफी अध्ययन किया। वैज्ञानिकों को चांद की सतह के बारे में अध्ययन करने के लिए चंद्रमा जैसी मिट्‌टी की जरूरत थी। इस तरह की मिट्‌टी नासा के पास थी। अमेरिका ने चांद की तरह दिखने वाली मिट्‌टी देने के लिए भारत से एक हजार रुपए प्रति किलो की मांग की थी। इस अध्ययन में 60/70 टन मिट्‌टी की जरूरत थी। यानी अमेरिका इस मिट्‌टी के बदले भारत से करोड़ों रुपए कमाना चाहता था। लेकिन इसरो ने इसका सस्ता रास्ता निकाल लिया।

भू-वैज्ञानिकों ने पाया कि तमिलनाडु के दो गांव सीतमपोंडी और कुन्नामलाई में एरोथोसाइट की चट्‌टानें हैं जिनसे चंद्रमा की मिट्‌टी बनाई जा सकती है। वैज्ञानिकों ने चांद के साउथ पोल के अध्ययन के लिए यहां की मिट्‌टी का बंगलूरू की प्रयोगशाला में परीक्षण किया।

इसरो ने लैंडर विक्रम और रोवर प्रज्ञान को सफलतापूर्वक चांद पर उतारने के लिए चट्‌टानों को जरूरत के अनुसार मिट्‌टी का आकार देकर आर्टिफिशियल चांद की सतह तैयार की। यानी इस मिट्‌टी का इस्तेमाल आर्टिफिशियल चांद की सतह बनाने में किया गया। इस मिट्‌टी को तैयार करने में लगभग 12 लाख का खर्चा आया।

12 नवंबर, 2007 को इसरो और रूसी अंतरिक्ष एजेंसी (रोसमोसकोस) के प्रतिनिधियों ने चंद्रयान-2 परियोजना पर एक साथ काम करने के समझौते

पर हस्ताक्षर किए। तय हुआ कि आर्बिटर और रोवर की जिम्मेवारी इसरो की होगी और लैंडर की जिम्मेवारी रूसी एजेंसी की। 2009 तक दोनों देशों के वैज्ञानिकों ने चंद्रयान-2 का डिजाइन तैयार कर लिया। इसरो ने अपना आर्बिटर और रोवर तैयार कर लिया, लेकिन रूसी एजेंसी समय पर लैंडर देने में असमर्थ हो रही थी इसलिए इस अभियान को 2013 में स्थगित करना पड़ा। 2016 में इसरो ने इस पर फिर से काम करना शुरू किया और चंद्र मिशन को स्वतंत्र रूप से विकसित किया।

चंद्रयान की सबसे बड़ी खासियत यह है कि यह पूरी तरह स्वदेशी है। इस प्रोजेक्ट की लागत मात्र 800 करोड़ रुपए है। लैंडर का नाम भारतीय अंतरिक्ष कार्यक्रम के जनक डॉ. विक्रम ए. साराभाई के नाम से रखा गया। चंद्रयान-2 में एक भी पेलोड विदेशी नहीं है जबकि चंद्रयान-1 में अमेरिका के पेलोड्स लगे थे। चंद्रयान-2 को जिस रॉकेट जीएसएलवी एमके-III से लॉन्च किया गया वह भी भारत द्वारा ही निर्मित है। उड़ान के समय चंद्रयान-2 का वजन 3,250 किलो था। इस अभियान से दुनिया को पता चला कि इसरो ने किस तरह की तकनीक विकसित की है जिससे इतने भारी पेलोड को अंतरिक्ष में पहुंचाया जा सकता है। इस अभियान की सफलता के बाद भारत भी अमेरिका और फ्रांस की तरह सैन्य दृष्टि से महत्त्वपूर्ण स्पेस कमांड वाला देश बन जाएगा। इससे संचार सेंसर प्रोद्योगिकी के क्षेत्र में इसरो की क्षमता का प्रदर्शन होगा। पेलोड से मिलने वाले डाटा से वहाँ पानी और खनिजों की मौजूदगी का पता चलेगा और फिर वैज्ञानिक प्रयोग शुरू होंगे। अभी विक्रम और प्रज्ञान आपस में क्या बात कर रहे हैं, वहाँ किस स्थिति में हैं, यह तो नहीं बताया जा सकता लेकिन हाँ, "हम होंगे कामयाब एक दिन।"

13. पीएम मोदी की जनसंख्या नीति

प्रधानमंत्री ने कहा कि हमारे यहां जनसंख्या विस्फोट हो रहा है, ये आने वाली पीढ़ी के लिए संकट पैदा कर रहा है, लेकिन यह भी मानना होगा कि देश में एक जागरूक वर्ग भी है और जो इस बात को अच्छे से समझते हुए अपने परिवार को सीमित रखते हुए एक तरह से देशभक्ति का ही प्रदर्शन कर रहा है। पीएम ने आबादी नियंत्रण के लिए छोटे परिवार पर जोर दिया।

प्रधानमंत्री के लालकिले से दिए इस बयान के बाद इस बात की चर्चा तेज हो गई हैं कि क्या मोदी सरकार जनसंख्या नियंत्रण को लेकर कोई कानून बनाने जा रही है।

पिछले दिनों जनसंख्या नियंत्रण को लेकर एक प्राइवेट बिल पेश करने वाले सांसद राकेश सिन्हा कहते हैं कि 2014 से प्रधानमंत्री नरेंद्र मोदी जी ने जो भी घोषणा लालकिले से की है उसको लागू किया है और अब पीएम के बयान से साफ है कि जनसंख्या नियंत्रण सरकार की प्राथमिकता में है और उसको लागू करेगी। राकेश सिन्हा कहते हैं कि जनसंख्या नियंत्रण को लेकर जल्द ही कानून बनना चाहिए और इसको सख्ती से लागू करना चाहिए।

संसद में पेश हो चुका है विधेयक–छोटे परिवार को देशभक्ति से जोड़ने के पीएम मोदी के बयान के बाद इस बात की संभावना बढ़ गई है कि सरकार जल्द ही दो संतान नीति को लागू करने के लिए कानून बना सकती है।

हाल में ही खत्म हुए संसद सत्र में संघ विचारक और सांसद राकेश सिन्हा ने राज्यसभा में 'जनसंख्या विनियमन विधेयक 2019' प्राइवेट मेंबर बिल पेश किया है। विधेयक में दो से ज्यादा बच्चे पैदा करने वालों को दंडित करने के साथ ही उनको सभी सरकारी लाभों से वंचित करने का प्रावधान भी है। प्रस्तावित बिल में दो बच्चों के बाद नसबंदी का प्रस्ताव होने के साथ

सभी समुदाय, जाति और क्षेत्र में समान रुप से लागू करने का प्रस्ताव है।

पीएम मोदी द्वारा छोटे परिवार को देश भक्ति से जोड़ने पर राज्यसभा सांसद राकेश सिन्हा कहते हैं कि देशभक्ति का संदर्भ समय के अनुसार बदलता है। आज के समय में 'हम दो हमारे दो' की नीति पर जो चलते हैं वह एक तरह से देशभक्ति है।

वह कहते हैं कि देश में आज उत्तरी राज्यों और दक्षिण राज्यों में जनसंख्या को लेकर रीजनल असंतुलन पैदा हो रहा है उससे सामाजिक और अर्थिक असंतुलन पैदा होता है। राकेश सिन्हा ने कांग्रेस पर जनसंख्या नियंत्रण को लेकर के करुणाकरन समिति की सिफारिश को नजरअंदाज करने का आरोप भी लगाया है।

संघ का भी है पुराना एजेंडा - मोदी सकार जो अपने दूसरे कार्यकाल में संघ के एजेंडे को तेजी से पूरा करती हुई दिखाई दे रही है उसमें अब जनसंख्या नियंत्रण कानून पहली प्राथमिकता बनता दिखाई दे रहा है। छोटे परिवार के लिए शुरू से हिमायती रहा संघ जनसंख्या नियंत्रण कानून को लेकर काफी मुखर रहा है। पिछले साल संघ की अखिल भारतीय कार्यकारिणी मंडल में जनसंख्या नीति को पुनर्निधारण कर सभी पर समान रुप से लागू करने का प्रस्ताव पहले ही पास किया जा चुका है।

संघ प्रमुख मोहन भागवत पहले ही कई मौकों पर जनसंख्या नियंत्रण के लिए नई नीति बनाने पर साफ शब्दों में अपनी राय रख चुके हैं। संघ बढ़ती जनसंख्या को राष्ट्र के विकास और संप्रभुता के राह में एक बड़ा रोड़ा मानता रहा है।

पीएम मोदी की जनसंख्या नियंत्रण पर साहसिक पहल, जनसंख्या वृद्धि देश के लिए मुख्य चुनौती, सभी सांस्कृतिक सामाजिक राजनीतिक संगठनों को जनसंख्या नियंत्रण की पहल का स्वागत करना चाहिए। यह राष्ट्रीय समृद्धि का प्रश्न है। इस पर कारगर राष्ट्रीय नीति जरूरी है।

मनुष्य जीवन स्वतंत्र निरपेक्ष नहीं है। जीवन प्राकृतिक संसाधनों पर आश्रित है। संसाधन सीमित हैं। उनकी सीमा है, लेकिन जनसंख्या का विस्फोट है। सो भारत में समेकित विकास के सभी उपाय अपेक्षित परिणाम नहीं दे रहे हैं। महानगरों में रोड जाम हैं, फ्लाईओवर बनते हैं। कुछ दिन बाद उन पर भी भारी भीड़। अस्पतालों की संख्या बढ़ती है, लेकिन मरीज कम

नहीं होते। शिक्षा केंद्रों में बढ़ती जनसंख्या के कारण लाखों छात्र दाखिला नहीं ले पाते। मेडिकल कॉलेज बढ़ रहे हैं, लेकिन बढ़ती जनसंख्या के लिए नाकाफी हैं। बढ़ती आबादी के कारण महानगर दैत्याकार के रूप में फैल रहे हैं। नागरिक सुविधाएं और संसाधन अस्त-व्यस्त हो रहे हैं। गांव भी विकृत हो रहे हैं। बढ़ती जनसंख्या की गति तेज रफ्तार है। बढ़ते संसाधन भी अपर्याप्त हैं। कृषि क्षेत्र भी घटा है। जनसंख्या वृद्धि भारत की मुख्य चुनौती है।

प्रधानमंत्री नरेंद्र मोदी ने जनसंख्या नियंत्रण की मार्मिक अपील की है। उन्होंने जनसंख्या नियंत्रण को उचित ही देशभक्ति की संज्ञा दी है। देशभक्ति कोई साधारण कर्मकांड नहीं है। राष्ट्र के प्रति जरूरी दायित्वों का निर्वहन देशभक्ति है। जनसंख्या वृद्धि देश की चुनौती है। इसका नियंत्रण प्रत्येक नागरिक का कर्तव्य है, लेकिन कतिपय टिप्पणीकारों ने इस अपील को भी राजनीतिक संदेश बताया है, लेकिन सच यह नहीं है। सभी अभिभावक अपनी संतति का जीवन सुखमय चाहते हैं। प्रधानमंत्री ने इसी स्वाभाविक वृत्ति का उल्लेख किया है।

बच्चे के जन्म के पहले ही चिंता

अभिभावक अमूमन शिशु जन्म के बाद बच्चे के भविष्य की चिंता आरंभ करते हैं। मोदी ने बच्चे के जन्म के पहले ही चिंता करने की बात कही है। जनसंख्या और उपलब्ध संसाधनों के अंतर्संबंधों का अध्ययन कई विचारकों ने किया है। ब्रिटिश अर्थशास्त्री माल्थस ने 'प्रिंसपल ऑफ पॉपुलेशन' में जनसंख्या वृद्धि और इसके प्रभावों की व्याख्या की थी। उनके अनुसार 'जनसंख्या दूनी रफ्तार 1, 2, 4, 8, 16, 32 से बढ़ती है, लेकिन जीवन के संसाधन सामान्य गणित 1, 2, 3, 4, 5 की रफ्तार से बढ़ते हैं। प्रत्येक 25 वर्ष बाद जनसंख्या दोगुनी हो जाती है। ऐसे में भुखमरी और कुपोषण होंगे ही।'

जनसंख्या की समस्या

माल्थस की गणना पूरी तरह सही नहीं है, लेकिन मूलभूत चिंता सही है। जनसंख्या और संसाधनों के समन्वय पर थामस सैडलर, हरबर्ट स्पेंसर, भूमिकर सिद्धांत के जन्मदाता डेविड रिकार्डो आदि ने भी गंभीर विचार किया था। भारी जनसंख्या और कम संसाधनों का प्रभाव मनुष्य जीवन की गुणवत्ता

पर भी पड़ता है। बहुधा भारी भीड़ के बीच रहने का प्रभाव मस्तिष्क पर भी पड़ता है। अपर्याप्त भूमि में भारी जनसंख्या का निवास सभ्यता और संस्कृति को भी प्रभावित करता है। प्राचीन भारत में कम जनसंख्या के लिए अधिक भूमि थी। उस समय की दार्शनिक एवं सांस्कृतिक उपलब्धियां बड़ी हैं। इतिहास के मध्यकाल से लेकर अंग्रेजी राज के आने तक जनसंख्या की समस्या नहीं थी। भारत में समुन्नत कृषि, उद्योग और स्वस्थ मानव संसाधन की स्थिति संतोषजनक थी। फिर जनसंख्या बढ़ी, जनसंख्या का दबाव भी बढ़ा। स्वतंत्र भारत ने ही दुनिया में सबसे पहले 1951 में जनसंख्या नियंत्रण का राजकीय अभियान चलाया था।

संतानोत्पत्ति की 'मूल कामना'

भारतीय परंपरा में संतानोत्पत्ति की 'मूल कामना' की चर्चा भी संकोच का विषय रही है। बावजूद इसके 1975 तक जनसंख्या नियंत्रण पर खासा विमर्श चला, लेकिन आपातकाल के दौरान इंदिरा सरकार ने इस राष्ट्रीय अभियान को पलीता लगा दिया। तब जबरन नसबंदी का कार्यक्रम चला। अविवाहित नवयुवकों की भी नसबंदी हुई। इसकी तीखी प्रतिक्रिया हुई। सत्तारूढ़ कांग्रेस का सफाया हुआ। फिर दलतंत्र जनसंख्या नियंत्रण के नाम से ही डर गया। अब मोदी ने सार्थक पहल की है। इस पर जन-जागरूकता जरूरी है। शिक्षित और जागरूक परिवार जनसंख्या नियंत्रण के पक्ष में हैं।

समृद्ध परिवारों की प्रजनन दर कम

समृद्ध परिवारों की प्रजनन दर गरीब परिवारों की प्रजनन दर से कम है। जनसामान्य में जागरूकता पैदा करना श्रमसाध्य है। चीन इसमें सफल हुआ है, पर चीन और भारत की जनभावना में आधारभूत अंतर है। चीन की आम जनता शासन प्रायोजित कार्यक्रमों को सहज रूप में स्वीकार करती है, लेकिन भारत की जनता पहले ऐसे कार्यक्रमों का विवेचन करती है। यहां जनहितकारी कार्यक्रमों की भी आलोचना होती है। भारतीय जनतंत्र निराला है। प्रधानमंत्री ने सरल ढंग से इस विषय का महत्त्व रखा है। यहां कोई बाध्यकारी निर्देश नहीं हैं, लेकिन ओवैसी जैसे लोग जंग के मैदान में हैं।

जनसंख्या वृद्धि के आंकड़े खतरनाक

देश की जनसंख्या 1951 में 361088400 थी जो 1961 में 439235720 हो गई। यानी 10 साल के भीतर ही सात करोड़ की वृद्धि हुई। 1951 से 2011 के बीच 60 वर्ष का अंतर है। 1951 की जनसंख्या 36 करोड़ 10 लाख थी, लेकिन 2011 में 1 अरब 21 करोड़ 1 लाख 93 हजार 422 हो गई। अर्थात 60 वर्ष के भीतर लगभग 85 करोड़ की वृद्धि इुई। अनुमान है कि 2021 तक यह लगभग 1 अरब 30 करोड़ होगी। जनसंख्या वृद्धि के ये आंकड़े खतरनाक हैं। दक्षिण भारतीय राज्यों की प्रजनन दर का संतोषजनक स्तर 1.5 है। नेशनल फेमिली सर्वे 2015-16 के अनुसार उत्तर प्रदेश की प्रजनन दर 2.74 और बिहार की 3.41 है।

देशव्यापी जन जागरण

देश की बढ़ती जनसंख्या राष्ट्रीय चिंता है। जन जागरूकता के प्रभाव सीमित हैं। मोटे तौर पर तीन उपाय ही शेष हैं। पहला उपाय है-जनसंख्या वृद्धि का हतोत्साहन। दूसरा जनसंख्या संयमी लोगों को प्रोत्साहन और तीसरा बिना जाति पंथ या मजहब देखे देश के प्रत्येक नागरिक पर जनसंख्या सीमित करने वाली विधि का अध्यारोपण। इसमें जनसंख्या संयमी परिवारों को प्रोत्साहन की नीति दोहरे लाभ देगी। तमाम परिवार प्रोत्साहन के आकर्षण में जनसंख्या नियंत्रण के राष्ट्रधर्म को समझेंगे। इससे जन जागरण भी होगा। तब जन जागरण के प्रभाव देशव्यापी होंगे।

जनसंख्या नियंत्रण की प्रोत्साहन नीति

जनसंख्या नियंत्रण की प्रोत्साहन नीति में विशेष सुविधाओं वाला ग्रीन कार्ड जारी किया जा सकता है। बिजली बिल या सार्वजनिक सेवाओं में छूट, अतिरिक्त राशन, नि:शुल्क शिक्षा व स्वास्थ्य सेवाएं आदि सम्मिलित की जा सकती हैं। गरीबी और अशिक्षा वाले क्षेत्रों में जनसंख्या नियंत्रण के वैज्ञानिक उपाय प्राय: नहीं अपनाए जाते। दक्षिण भारत के राज्यों की प्रतिव्यक्ति आय उत्तर भारत के राज्यों की तुलना में अधिक है। दक्षिण की प्रजनन दर उत्तरी राज्यों की तुलना में कम है।

जनसंख्या नियंत्रण पर राष्ट्रीय नीति जरूरी

जनसंख्या के आधार पर बजट आवंटन पर दक्षिण के राजनेता टिप्पणी करते रहे हैं। कई सुविधाओं के कारण मृत्यु दर घटी है। वृद्धों की संख्या भी बढ़ रही है। जापानी जनसंख्या की समस्या ऐसी ही है। जनसंख्या नियंत्रण के मोर्चे पर पहले ही काफी देर हो चुकी है। आपातकाल के बाद जनसंख्या नियंत्रण पर बोलने का साहस भी समाप्त हो गया था। मोदी जी ने साहसिक पहल की है। सभी सांस्कृतिक, सामाजिक, राजनीतिक संगठनों को इस पहल का स्वागत करना चाहिए। यह राष्ट्रीय समृद्धि का प्रश्न है। इस पर कारगर राष्ट्रीय नीति जरूरी है।

14. मोदी की जल नीति - हर घर में नल से जल

प्रधानमंत्री नरेंद्र मोदी ने दूसरे कार्यकाल के दूसरे 'मन की बात' कार्यक्रम के जरिए देशवासियों को संबोधित किया। इस दौरान उन्होंने देशभर में जल संरक्षण के लिए किए जा रहे प्रयासों की सराहना की और कुछ सुझाव भी दिए।

पीएम मोदी ने कहा कि झारखंड में रांची से कुछ दूर, ओरमांझी प्रखंड के आरा केरम गांव में, वहां के ग्रामीणों ने जल प्रबंधन को लेकर जो हौंसला दिखाया है, वह हर किसी के लिए मिसाल बन गया है। ग्रामीणों ने श्रम दान करके पहाड़ से बहते झरने को, एक निश्चित दिशा देने का काम किया। वो भी शुद्ध देसी तरीके से। इससे न केवल मिट्टी का कटाव और फसल की बर्बादी रुकी है, बल्कि खेतों को भी पानी मिल रहा है। ग्रामीणों का ये श्रम दान, अब पूरे गांव के लिए जीवन दान से कम नहीं है।

प्रधानमंत्री मोदी ने जल नीति तैयार करने वाला पहला राज्य बनने के लिए मेघालय की सरकार को बधाई दी। इसके साथ ही उन्होंने हरियाणा की भी तारीफ की। पीएम मोदी ने कहा, "हरियाणा में, उन फसलों की खेती को बढ़ावा दिया जा रहा है, जिनमें कम पानी की जरूरत होती है और किसान का भी कोई नुकसान नहीं होता है। मैं हरियाणा सरकार को विशेष रूप से बधाई देना चाहूंगा कि उन्होंने किसानों के साथ संवाद करके, उन्हें परंपरागत खेती से हटकर, कम पानी वाली फसलों के लिए प्रेरित किया।"

पीएम मोदी ने कहा कि अब त्यौहारों का समय आ गया है। त्यौहारों के अवसर पर कई मेले भी लगते हैं। जल संरक्षण के लिए क्यों ना इन मेलों का भी उपयोग करें? मेलों में समाज के हर वर्ग के लोग पहुंचते हैं।

इन मेलों में हम पानी बचाने का संदेश बड़े ही प्रभावी ढंग से दे सकते हैं, प्रदर्शनी लगा सकते हैं, नुक्कड़ नाटक कर सकते हैं, उत्सवों के साथ-साथ जल संरक्षण का संदेश बहुत आसानी से हम पहुंचा सकते हैं।

प्रधानमंत्री ने कहा कि उन्हें अनुभव हो रहा है कि पानी के विषय ने इन दिनों हिन्दुस्तान के दिलों को झकझोर दिया है। जल संरक्षण को लेकर देशभर में अनेक विद, प्रभावी प्रयास चल रहे हैं। लोगों ने पारंपरिक तौर-तरीकों के बारे में जानकारियां शेयर की हैं। मीडिया ने भी जल संरक्षण के कई इनोवेटिव कैंपेन शुरू किए हैं। सरकार हो, एनजीओ हो- युद्ध स्तर पर कुछ-न-कुछ कर रहे हैं। सामूहिकता का सामर्थ्य देखकर, मन को बहुत अच्छा लग रहा है, बहुत संतोष हो रहा है।

बता दें कि पीएम मोदी ने पिछली बार के 'मन की बात' में जल संकट से निपटने पर जोर दिया था। उन्होंने कहा था कि क्या पूरे देश में जल संकट से निपटने का कोई एक फॉर्मूला नहीं हो सकता है। इसके लिए देश के अलग-अलग हिस्सों में अलग-अलग तरीकों से प्रयास किए जा रहे हैं, लेकिन सबका लक्ष्य एक ही है और वह है पानी बचाना।

नीति आयोग की भू-जल की डे-जीरो के कगार पर

नीति आयोग की बैठक में डे-जीरो यानी भू-जल खत्म होने की स्थिति वाले शहर दिल्ली, फरीदाबाद, गुरुग्राम, कानपुर, जयपुर, हैदराबाद, अमरावती, धनबाद, जमशेदपुर, मेरठ, आसनसोल, विशाखापटनम, चेन्नई, मदुरै, कोच्चि, बंगलुरु, कोयंबटूर, शिमला, सोलापुर, मुंबई और विजयवाड़ा में जल संरक्षण की कोई योजना लागू की गई है या नहीं, इस पर चर्चा होगी। अगर कुछ हुआ है तो उसका नतीजा बताना होगा।

तीन साल पहले नीति आयोग ने अपनी एक रिपोर्ट में बताया था कि देश में जल संरक्षण को लेकर अधिकांश राज्यों का काम संतुष्टिजनक नहीं है। जिन राज्यों की रिपोर्ट अत्यंत कमजोर रही, उनमें छत्तीसगढ़, राजस्थान, गोवा, केरल, उड़ीसा, बिहार, उत्तरप्रदेश, हरियाणा, झारखंड, सिक्किम, असम, नागालैंड, उत्तराखंड और मेघालय शामिल हैं। मध्यम स्तर की रिपोर्ट वाले राज्यों में त्रिपुरा और हिमाचल प्रदेश का नाम सामने आया था। मौसम विभाग के अनुसार, कई वर्षों से देश के कुछ राज्यों में औसत से भी कम बारिश

दर्ज की गई है। कई राज्य सूखे की स्थिति से गुजर रहे हैं। यही वजह है कि भू-जल स्तर लगातार नीचे गिरता जा रहा है।

करीब 450 नदियों को आपस में जोड़ने पर चर्चा होगी...

पानी के संकट से निपटने के लिए नीति आयोग ने देश की आधी, करीब 450 नदियों को आपस में जोड़ने का एक विस्तृत प्रपोजल तैयार किया है। बरसात में या उसके बाद बहुत सी नदियों का पानी समुद्र में जा गिरता है। अगर समय रहते इस पानी को उन नदियों में ले जाया जाए, जहां साल के अधिकतर महीनों में सूखा दिखता है तो आसपास के क्षेत्रों में कृषि हो सकती है। मोदी सरकार के पहले कार्यकाल में करीब साठ नदियों को आपस में जोड़ने का काम शुरु भी हो गया था। बता दें कि अक्टूबर, 2002 में भारत के तत्कालीन प्रधानमंत्री अटल बिहारी वाजपेयी ने सूखे व बाढ़ की समस्या से निपटने के लिए भारत की महत्त्वपूर्ण नदियों को जोड़ने संबंधी परियोजना का खाका तैयार किया था। हिमालयी हिस्से के तहत गंगा, ब्रह्मपुत्र और इनकी सहायक नदियों के पानी को इकट्ठा करने की योजना बनाई गई।

पीएम मोदी ने अपने पहले कार्यकाल में गंगा समेत देश की 60 नदियों को जोड़ने की योजना को मंजूरी दी थी। इसका फायदा यह होगा कि किसानों की मानसून पर निर्भरता कम हो जाएगी। पानी के अभाव में खराब हो रही लाखों हेक्टेयर जमीन पर सिंचाई हो सकेगी। नदियों को जोड़ने से हजारों मेगावॉट बिजली भी पैदा होगी। ज्यादा पानी वाली नदियों मसलन गंगा, गोदावरी और महानदी को दूसरी नदियों से जोड़ा जाएगा। इसके लिए इन नदियों पर डैम बनाए जाएंगे। बाढ़-सूखे पर काबू पाने के लिए यही एकमात्र रास्ता बताया गया है।

कुछ ऐसी है देश में भू-जल की स्थिति, एक रिपोर्ट...

- 1951 में 14180 लीटर प्रतिदिन, प्रतिव्यक्ति भू-जल की उपलब्धता थी
- 1991 में 6030 लीटर
- 2001 में 5120 लीटर
- 2020 में 3670 लीटर
- 2050 में 3120 लीटर रह जाएगी

- इंडियन इन्स्टिट्यूट ऑफ ह्यूमन सेटलमेंट के मुताबिक, देश में औसतन 135 लीटर पानी प्रतिदिन प्रति व्यक्ति देने की बात कही जाती है, लेकिन यह औसत 69 लीटर पर ही अटक जाती है। भारत में करीब 54 फीसदी हिस्सा ऐसा है, जहां भू-जल तेजी से नीचे जा रहा है।
- वर्ल्ड रीसॉर्स इन्स्टिट्यूट की रिपोर्ट बताती है कि 2030 में पानी की मांग 1.5 ट्रिल्यन क्यूबिक मीटर होगी, जबकि मौजूदा सप्लाई 740 ट्रिल्यन क्यूबिक मीटर है।
- 2030 तक 40 प्रतिशत लोगों को पीने का पानी नहीं मिलेगा।
- 2050 तक यही स्थिति रही तो जीडीपी का छह फीसदी केवल पानी पर खर्च होगा।

हर घर में नल से जल

जल जीवन मिशन के तहत प्रधानमंत्री नरेंद्र मोदी का फोकस देश के हर घर तक नल से जल पहुंचाने पर हो सकता है। सरकार ने इसके लिए जल शक्ति मंत्रालय बनाया है, मंत्रिमंडल में इसकी जिम्मेदारी राजस्थान के सांसद गजेंद्र सिंह शेखावत को सौंपी है। चुनाव से पहले भाजपा ने संकल्प पत्र में स्वच्छ पेय जल उपलब्ध कराने को प्राथमिकता दी थी। पिछली एनडीए सरकार में स्वच्छ भारत मिशन के तहत साफ-सफाई पर जोर दिया गया था।

नए जल शक्ति मंत्रालय में जल संसाधन, नदी विकास, गंगा जीर्णोद्धार और पेय जल एवं स्वच्छता विभाग को शामिल किया जा सकता है। नल जल योजना के तहत सरकार ने 2024 तक देश के हर घर में पानी की पाइप लाइन और नल से जल पहुंचाने का लक्ष्य रखा है।

एक अधिकारी ने बताया कि नए मंत्रालय का पहला काम देश में मौजूद जल स्रोतों का संरक्षण करना है। इसके लिए मनरेगा योजना की मदद ली जाएगी। जल स्रोतों को बचाने के लिए कुछ महीने पहले इजराइल और भारतीय अधिकारियों की नीति आयोग के साथ बैठक भी हो चुकी है। इजराइल में पाइप लाइन के जरिए लोगों को पेय जल उपलब्ध कराया जा रहा है। फिलहाल, भारत में भूजल का 4% पानी पीने और 80% पानी खेती में इस्तेमाल होता है।

2030 तक देश में पानी की मांग दोगुनी हो जाएगी

पिछले साल आई नीति आयोग की रिपोर्ट के मुताबिक, 60 करोड़ भारतीय गंभीर जल संकट का सामना कर रहे हैं। स्वच्छ पेय जल नहीं मिलने से देश में हर साल 2 लाख लोगों की मौत हो जाती है। अनुमान है कि 2030 तक देश में पानी की मांग मौजूदा वक्त से दोगुनी हो जाएगी, अगर इसे पूरा नहीं किया गया तो इससे जीडीपी में 6% तक की गिरावट आ सकती है।

देश के प्रत्येक परिवार को 2024 तक 'नल से जल' मुहैया कराने के महत्त्वाकांक्षी लक्ष्य को हासिल करने के लिए मोदी सरकार ने कमर कस ली है। हालांकि देश में भूजल के लगातार गिरते स्तर के बीच प्रति व्यक्ति प्रति दिन पानी की आपूर्ति की मात्रा तय करना, जल स्रोतों एवं उनकी रिचार्ज क्षमता का पता लगाना एवं वाटर टेबल के अनुरूप तकनीकी जानकारी जुटाना सरकार के लिए बड़ी चुनौती है।

विशेषज्ञों का कहना है कि देश के बड़े भू-भाग में हर साल जल संकट उत्पन्न होने, भूजल स्तर लगातार नीचे जाने और पानी के पारंपरिक स्रोतों के धीरे-धीरे नष्ट होने के कारण चुनौती बढ़ गई है। ऐसे में सरकार को "जल जीवन मिशन" को व्यापक स्तर पर लागू करने के लिए न सिर्फ बजटीय आवंटन बढ़ाना होगा बल्कि इस क्षेत्र में निजी निवेश को भी प्रोत्साहित करना होगा।

2011 की जनगणना के मुताबिक देश के कुल 24 करोड़ परिवारों में से 7 करोड़ परिवार ही शोधित जल हासिल कर रहे हैं।

बजटीय दस्तावेज के मुताबिक, ग्रामीण परिवारों को पेयजल उपलब्ध कराने के लिए 2019..20 में लगभग 27 लाख जल स्रोत की प्रयोगशाला में जांच की जानी है। इस अवधि में 7000 बसावटों को कवर किया जाना है। हालांकि मंत्रालय ने पाइपयुक्त जल आपूर्ति से कवर होने वाले ग्रामीण परिवारों के संबंध में कोई लक्ष्य सूचित नहीं किया है।

जल संसाधन, नदी विकास और गंगा संरक्षण मंत्रालय के पूर्व सचिव शशि शेखर का कहना है कि बजट बढ़ाने से ज्यादा जरूरत जल का प्रभावी इस्तेमाल सुनिश्चित करने की है।

सरकार ने बजट में 'जल जीवन मिशन' के तहत 2024 तक सभी ग्रामीण घरों में नल से पानी उपलब्ध कराने की बात कही है और इसके लिए 10

हजार करोड़ रुपए का वित्तीय परिव्यय तय किया है।"

उन्होंने कहा कि हर घर नल से जल पहुंचाने की योजना बड़ी और चुनौतीपूर्ण है। इसके लिए सबसे पहले उन गांव की सूची तैयार करनी होगी जहां पानी पहुंचाना है। साथ ही यह भी तय करना होगा कि पानी कहां से और किन स्रोतों से पहुंचाया जाएगा।

पूर्व सचिव ने कहा कि इस बात का पता लगाना होगा कि उन जल स्रोतों से कितना पानी रिचार्ज होता है। इस बारे में तकनीकी सूचना एकत्र करनी होगी। "यह तय करना होगा कि सरकार प्रति व्यक्ति प्रति दिन कितना पानी देना चाहती है।" उन्होंने कहा कि हमें यह देखना होगा कि अगर किसी जल स्रोत का रिचार्ज 100 यूनिट प्रतिदिन है तो कितना पानी जारी करें कि वाटर टेबल नीचे नहीं जाए।

शेखर ने कहा कि अंतरराष्ट्रीय मानदंडों के तहत विश्व स्वास्थ्य संगठन ने प्रति व्यक्ति प्रतिदिन पानी की उपलब्धता 25 लीटर तय की है। अब सरकार को इसी के अनुरूप प्रति व्यक्ति प्रतिदिन पानी की आपूर्ति की मात्रा तय करनी होगी।

यह पूछे जाने पर कि इस योजना के लिए क्या सरकार ने बजटीय आवंटन का ब्यौरा उपलब्ध कराया है, शशि शेखर ने कहा कि यह योजना इस सरकार का सबसे महत्त्वाकांक्षी कार्यक्रम है। सरकार ने इस पर 10000.66 करोड़ रुपये खर्च करने की बात कही है। बजटीय आवंटन का सम्पूर्ण ब्यौरा नहीं है लेकिन यह समझना होगा कि यह नयी योजना है जिसमें अनेक विषयों का ध्यान रखना होगा। स्वच्छता मिशन, शौचालय योजना को भी पहले वर्ष ऐसी ही स्थिति का सामना करना पड़ा था।

जल विशेषज्ञ शंकर आचार्य इस संबंध में देश में बड़े-बड़े बांध बनाने के कार्यक्रम का उल्लेख करते हैं। उनका कहना है कि वर्ष 2011 तक देश में बड़े-बड़े बांध बनाने और सिंचाई सुविधाओं का ढांचा खड़ा करने पर भारी भरकम सात लाख करोड़ रुपये निवेश किये गए लेकिन अब तक का अनुभव बताता है कि इन सुविधाओं का प्रभावी उपयोग नहीं हुआ है। उदाहरण के लिए भारत में नहर सिंचाई व्यवस्था का प्रभावी इस्तेमाल 15 से 16 प्रतिशत है।

गौरतलब है कि बजट पेश करते हुए सीतारमण ने कहा था, 'भारत

में पानी की सुरक्षा और सभी भारतीयों को साफ पेयजल उपलब्ध कराना प्राथमिकता है। इस दिशा में एक बड़ा कदम जल शक्ति मंत्रालय का गठन है।' 'जल जीवन मिशन' के तहत 2024 तक सभी ग्रामीण घरों में 'हर घर जल' के लिए राज्यों के साथ मिलकर मंत्रालय काम करेगा।

बजट में ऐलान से पहले जल शक्ति मंत्री गजेंद्र सिंह शेखावत ने सोमवार को 'जल शक्ति अभियान' शुरू किया। इसके अंतर्गत देश के 256 जिलों के अधिक सूखा प्रभावित 1592 खंडों पर जोर दिया जाएगा। यह अभियान पांच बिंदुओं- जल संरक्षण और वर्षा जल संचयन, परपंरागत और दूसरे जल निकायों के नवीनीकरण, जल के दोबारा इस्तेमाल और ढांचों के पुनर्भरण, जलविभाजन विकास और गहन वनीकरण तथा पेयजल की सफाई पर केंद्रित होगा।

15. नागरिकता संशोधन बिल

नागरिकता संशोधन विधेयक (Citizen Amendment Bill) को लोकसभा के बाद अब राज्यसभा से भी मंजूरी मिल गई। राष्ट्रपति की मुहर लगने के बाद अब नागरिकता संशोधन विधेयक कानून बन जाएगा। संसद ने बुधवार को नागरिकता संशोधन विधेयक को मंजूरी दे दी जिसमें अफगानिस्तान, बांग्लादेश और पाकिस्तान से धार्मिक प्रताड़ना के कारण भारत आए हिन्दू, सिख, बौद्ध, जैन, पारसी और ईसाई समुदायों के लोगों को भारतीय नागरिकता प्रदान करने का प्रावधान है। राज्यसभा ने बुधवार को विस्तृत चर्चा के बाद इस विधेयक को पारित कर दिया। सदन ने विधेयक को प्रवर समिति में भेजे जाने के विपक्ष के प्रस्ताव और संशोधनों को खारिज कर दिया। विधेयक के पक्ष में 125 मत पड़े जबकि 105 सदस्यों ने इसके खिलाफ मतदान किया। बता दें कि लोकसभा इस विधेयक को पहले ही पारित कर चुकी है।

आइये जानते हैं इस बिल के बारे में दस अहम बातें-

1. नागरिक संशोधन बिल के कानून का रूप लेने से पाकिस्तान, अफगानिस्तान और बांग्लादेश में धार्मिक उत्पीड़न के कारण वहां से भागकर आए हिंदू, ईसाई, सिख, पारसी, जैन और बौद्ध धर्म को मानने वाले लोगों को CAB के तहत भारत की नागरिकता दी जाएगी।
2. ऐसे अवैध प्रवासियों को जिन्होंने 31 दिसंबर, 2014 की निर्णायक तारीख तक भारत में प्रवेश कर लिया है, वे भारतीय नागरिकता के लिए सरकार के पास आवेदन कर सकेंगे।

   CAB पास होने पर बोलीं सोनिया गांधी, संवैधानिक इतिहास का काला दिन
3. अभी भारतीय नागरिकता लेने के लिए 11 साल भारत में रहना

अनिवार्य है। नए बिल में प्रावधान है कि पड़ोसी देशों के अल्पसंख्यक अगर पांच साल भी भारत में रहे हों तो उन्हें नागरिकता दी जा सकती है।

4. यह भी व्यवस्था की गयी है कि उनके विस्थापन या देश में अवैध निवास को लेकर उन पर पहले से चल रही कोई भी कानूनी कार्रवाई स्थायी नागरिकता के लिए उनकी पात्रता को प्रभावित नहीं करेगी।
5. ओसीआई कार्डधारक यदि शर्तों का उल्लंघन करते हैं तो उनका कार्ड रद्द करने का अधिकार केंद्र को मिलेगा। पर उन्हें सुना भी जाएगा।
6. नागरिकता संशोधन बिल के चलते जो विरोध की आवाज उठी उसकी वजह ये है कि इस बिल के प्रावधान के मुताबिक पाकिस्तान, अफगानिस्तान और बांग्लादेश से आने वाले मुसलमानों को भारत की नागरिकता नहीं दी जाएगी। कांग्रेस समेत कई पार्टियां इसी आधार पर बिल का विरोध कर रही हैं।

   Citizenship Amendment Bill: नागरिकता संशोधन विधेयक को होम मिनिस्टर अमित शाह ने राज्यसभा में पेश किया।

   Citizenship Amendment Bill: नागरिकता संशोधन विधेयक को होम मिनिस्टर अमित शाह ने राज्यसभा में पेश किया। इस बिल को लेकर एनडीए के सहयोगी दल जेडीयू में लोकसभा में इस बिल का समर्थन देने के बाद दो मत सामने आए थे।
7. देश के पूर्वोत्तर राज्यों में इस विधेयक का विरोध किया जा रहा है, और उनकी चिंता है कि पिछले कुछ दशकों में बांग्लादेश से बड़ी तादाद में आए हिन्दुओं को नागरिकता प्रदान की जा सकती है।
8. गृह मंत्री अमित शाह ने कहा कि भारत के मुसलमान भारतीय नागरिक थे, हैं और बने रहेंगे। उन्होंने कहा कि उन तीनों देशों में अल्पसंख्यकों की आबादी में खासी कमी आयी है। शाह ने कहा कि विधेयक में उत्पीड़न का शिकार हुए अल्पसंख्यकों को नागरिकता प्रदान करने का प्रावधान है। शाह ने इस विधेयक के मकसदों को लेकर वोट बैंक की राजनीति के विपक्ष के आरोपों को खारिज करते हुए देश को आश्वस्त किया कि यह प्रस्तावित कानून बंगाल सहित पूरे देश में लागू होगा। उन्होंने इस विधेयक के संविधान विरुद्ध होने के विपक्ष के आरोपों को खारिज करते हुए कहा कि संसद को

इस प्रकार का कानून बनाने का अधिकार स्वयं संविधान में दिया गया है। उन्होंने यह भी उम्मीद जतायी कि यह प्रस्तावित कानून न्यायालय में न्यायिक समीक्षा में सही ठहराया जाएगा। उन्होंने कहा कि मुस्लिमों को चिंता करने की कोई आवश्यकता नहीं है क्योंकि वे भारत के नागरिक हैं और बने रहेंगे।

1. नागरिकता संशोधन बिल क्या है?

जो बिल संसद से पास हुआ है, वह नागरिकता अधिनियम 1955 में बदलाव करेगा। इसके तहत बांग्लादेश, पाकिस्तान, अफगानिस्तान समेत आस-पास के देशों से भारत में आने वाले हिंदू, सिख, बौद्ध, जैन, पारसी धर्म वाले लोगों को नागरिकता दी जाएगी।

2. कैसे भारत की नागरिकता मिलना होगा आसान?

इस बिल के कानून में तबदील होने के बाद अफगानिस्तान, बांग्लादेश, पाकिस्तान जैसे देशों से जो गैर-मुस्लिम शरणार्थी भारत आएंगे, उन्हें यहां की नागरिकता मिलना आसान हो जाएगा। इसके लिए उन्हें भारत में कम से कम 6 साल बिताने होंगे। पहले नागरिकता देने का पैमाना 11 साल से अधिक था।

3. बिल पर किस बात का विरोध हो रहा है?

इस बिल को लेकर विपक्ष ने केंद्र सरकार को घेरा। विपक्ष का मुख्य विरोध धर्म को लेकर है। नए संशोधन बिल में मुस्लिमों को छोड़कर अन्य धर्मों के लोगों को आसानी से नागरिकता देने का फैसला किया गया है। विपक्ष इसी बात को उठा रहा है और मोदी सरकार के इस फैसले को धर्म के आधार पर बांटने वाला बता रहा है।

4. एनडीए में ही हुआ बिल का विरोध?

मोदी सरकार के लिए सबसे बड़ी मुश्किल ये रही कि इस बिल का विरोध उसके घटक दल एनडीए में ही हुआ। पूर्वोत्तर में भारतीय जनता पार्टी की साथी असम गण परिषद ने इस बिल का खुले तौर पर विरोध किया और कहा था कि इस बिल को लाने से पहले सहयोगियों से बात नहीं हुई, जबकि बात करने का वादा किया गया था। असम गण परिषद असम सरकार में बीजेपी के साथ रही।

5. पूर्वोत्तर में क्यों हमलावर हैं लोग?

अभी कुछ समय पहले ही नेशनल रजिस्टर ऑफ सिटिजन को लेकर असम समेत पूर्वोत्तर के अन्य राज्यों में भारी विरोध हुआ था। NRC के तुरंत बाद अब नागरिकता संशोधन बिल (CAB) लाया गया, जिसका विरोध हो रहा है। नॉर्थ ईस्ट स्टूडेंट्स ऑर्गनाइजेशन की अगुवाई में पूर्वोत्तर के कई छात्र संगठनों ने इस बिल का विरोध किया।

6. क्या बीजेपी को होगा राजनीतिक लाभ?

असम, बंगाल जैसे राज्यों में शरणार्थियों का मुद्दा काफी हावी रहा। असम में विधानसभा चुनाव या देश में लोकसभा चुनाव से पहले बीजेपी ने NRC के मसले को जोर-शोर से उठाया था, जिसका उन्हें फायदा भी मिला था। अब जब पश्चिम बंगाल में चुनाव आने वाले हैं तो उससे पहले एक बार फिर CAB बिल पर भाजपा आक्रामक हो गई। ऐसे में इस बिल को लेकर राजनीतिक मायने भी निकाले जा रहे हैं।

7. लोकसभा में हुआ था पास लेकिन...

इस बिल को सबसे पहले 2016 में लोकसभा में पेश किया गया था, जिसके बाद इसे संसदीय कमेटी के हवाले कर दिया गया। इस साल की शुरुआत में ये बिल लोकसभा में पास हो गया था लेकिन राज्यसभा में अटक गया था। हालांकि, लोकसभा का कार्यकाल खत्म होने के साथ ही बिल भी खत्म हो गया। लेकिन इस बार मोदी सरकार इसे लोकसभा और राज्यसभा दोनों से पास कराने में कामयाब रही।

नागरिकता संशोधन विधेयकः कोर्ट में चुनौती दिए जाने की स्थिति में क्या होगा?

नागरिकता संशोधन विधेयक, 2019 के बारे में ये कहा जा रहा है, ये संविधान की धारा 14 और 15 का उल्लंघन है और इस आधार पर इसे कोर्ट में चुनौती दी जा सकती है। लेकिन अगर कोर्ट में चुनौती दी गई तो क्या होगा।

भारत के संविधान में अनुच्छेद 14 के तहत समानता का अधिकार दिया गया है उसमें साफ कहा गया है कि राज्य किसी भी व्यक्ति को कानून के तहत समान संरक्षण देने से इनकार नहीं करेगा। इसमें नागरिक और गैर-नागरिक दोनों शामिल हैं।

हम आज जिनको भारत का नागरिक बनाने की बात कर रहें हैं, उनमें पाकिस्तान, बांग्लादेश और अफगानिस्तान के प्रवासी सहित अन्य देशों के प्रवासी भी शामिल हैं। साथ ही इन देशों के मुसलमान लोग भी हैं उनको भी अनुच्छेद 14 के तहत संरक्षण प्राप्त है।

अनुछेद 14 की ये मांग कभी नहीं रही है कि एक कानून बनाया जाए। लेकिन हम सभी इस बात को जानते हैं कि देश में जो सत्तारूढ़ दल है वो एक देश, एक कानून, एक धर्म और एक भाषा की बात कहता रहा है।

लेकिन अब हम वर्गीकरण करके कुछ लोगों को इसमें शामिल कर रहे हैं और कुछ लोगों को नहीं। जैसे इस्लाम और यहूदी धर्म के लोगों को छोड़ दिया गया है। ये इसकी मूल भावना के खिलाफ है।

उदाहरण के लिए अगर ऐसा कहा जाए कि जितने भी लोग तेलंगाना में रहते हैं उनके लिए नालसार में आरक्षण दिया जाएगा और बाकियों को नहीं दिया जाएगा तो इसका सीधा मतलब है कि ये आपने डोमिसाइल यानी आवास के आधार पर आरक्षण दिया है और इसे कोर्ट स्वीकार भी करता है।

हमें समझना होगा कि अनुच्छेद 14 ये मांग नहीं करता कि लोगों के लिए एक कानून हो बल्कि देश में अलग-अलग लोगों के लिए अलग-अलग कानून हो सकते हैं लेकिन इसके पीछे आधार सही और जायज होना चाहिए।

अगर वर्गीकरण हो रहा है तो यह धर्म के आधार पर नहीं होना चाहिए। ये आधुनिक नागरिकता और राष्ट्रीयता के खिलाफ है। सोचने वाली बात है कि कोई भी देश इन लोगों को जगह क्यों देगा। अगर भारत इस कानून को बना रहा है तो उसे ऐसे बनाना चाहिए कि कोई भी देश हमारे ऊपर न हंसे।

हमारा संविधान धर्म के आधार पर किसी भी तरह के भेदभाव और वर्गीकरण को गैर कानूनी समझता है।

अगर सरकार कह रही है कि मुसलमान एक अलग क्लास है तो फिर आप यूनिफॉर्म सिविल कोड नहीं बना पाएंगे। क्योंकि फिर मुसलमान ये कह सकते हैं कि अगर हम अलग क्लास हैं तो हमारे लिए अलग कानून भी होना चाहिए।

अगर नागरिकता के लिए अलग कानून है तो हमारा पर्सनल लॉ भी होना चाहिए। इस तरह से आप कभी भी कानून में बदलाव या सुधार नहीं ला पाएंगे।

मैं ये समझता हूं कि यह विधेयक बहुत खतरनाक है। आज धर्म के आधार पर भेदभाव को जायज ठहराया जा रहा है तो कल जाति के आधार पर भी भेदभाव और वर्गीकरण को जायज ठहराया जाएगा।

हम आखिर देश को किस दिशा में ले जा रहे हैं। संविधान के अनुसार लोगों को इस तरह से बांटने और वर्गीकरण का कोई उद्देश्य होना चाहिए और वो न्यायोचित होना चाहिए। या बात साफ है कि हमारा उद्देश्य न्यायोचित नहीं है।

इस बिल को लेकर कोर्ट में तो जाया जा सकता है लेकिन भारत में जो संविधान है उसके अनुसार अगर संसद किसी कानून को पारित करती है तो इसका मतलब ये संवैधानिक है तो जो व्यक्ति इसे चुनौती देगा उसी पर ये साबित करने का बोझ होगा कि वो बताए ये कैसे और किस तरह से असंवैधानिक है।

इस तरह के मामले कई बार सांवैधानिक बेंच के पास चले जाते हैं और बेंच के पास बहुत से मामले पहले से ही लंबित हैं जिसकी वजह से इसकी सुनवाई जल्दी नहीं होगी।

कोर्ट में क्या साबित करना होगा?

देश के जो समझदार लोग हैं वो ये देख रहे हैं कि देश गलत दिशा में जा रहा है। संविधान का मूलभूत ढांचा नहीं बदला जा सकता है। ये एक मामूली कानून है जिसके जरिए आप संविधान का ढांचा नहीं बदल सकते इसलिए ये बात कोर्ट में साबित करनी होगी कि किस तरह यह कानून संविधान के मूलभूत ढांचे को बदल सकता है।

फिर यदि कोर्ट इस बात को स्वीकार करता है तो ही स्थिति कुछ बदल सकती है। अब देश के लोगों की उम्मीदें सर्वोच्च न्यायालय पर ही निर्भर हैं और यह सर्वोच्च न्यायालय की एक परीक्षा होगी कि वो जो मूलभूत ढांचे को जैसे परिभाषित करते आएं हैं वो उसे इस विधेयक पर कैसे लागू करते हैं?

इस पर पूरे देश की ही नहीं पूरे विश्व की नजरें टिकी होंगी। बहुसंख्यकवाद के कारण कई बार संसद गलत कानून बना देती हैं और फिर अदालतें न्यायिक समीक्षा की ताकत का इस्तेमाल करते हुए अंकुश लगाती हैं और संविधान को बचाती हैं।

भारत के न्यायालय की क्या प्रतिक्रिया होगी पूरे विश्व की नजरें इस बात पर टिकी हैं।

१६. मजबूत नेतृत्व सुदृढ़ भारत

विश्व और विकास

कभी बिल्कुल धीमे-धीमे चलने वाली जिंदगी आज बहुत तेज हो गई। आज दुनिया मे किसी के पास समय नहीं। विकास और तरक्की की चाह में सभी व्यस्त हैं। दुनिया में अब कोई जगह दूर नहीं, चंद घंटों में एक व्यक्ति एक शहर से दूसरे शहर, एक देश से दूसरे देश बड़े ही आराम से सफर तय कर लेता है और ऐसा करने का मुख्य कारण होता है व्यापार, पर्यटन या शिक्षा। इनमें से भी व्यापार एक ऐसा कारण है जिससे एक व्यक्ति अपनी आर्थिक स्थिति को बेहतर करता है और इसी प्रकार हर व्यक्ति किसी-न-किसी प्रकार कार्य करता ही रहता है और अपने परिवार, समाज और राष्ट्र की अर्थव्यवस्था के विकास में भागीदार बनता है। इन्ही छोटे-बड़े व्यापार, उत्पादन, निर्माण, आयात-निर्यात से यह तय होता है कि एक देश की अर्थव्यवस्था कैसी है।

सभी देशों की सरकारों द्वारा अपने देश की अर्थव्यवस्था को मजबूत बनाने के लिए कई प्रकार की योजनाएं चलाई जाती हैं। जो देश आत्मनिर्भर होते हैं और विज्ञान और तकनीक के सही इस्तेमाल से अपनी अर्थव्यवस्था को वैश्विक स्तर पर मजबूत बनाते हैं, वे विकसित कहलाते हैं। जिन देशों में अभी थोड़ा बहुत पिछड़ापन बाकी है और जो विकास की ओर अग्रसर हैं और दूसरे देशों पर निर्भर हैं, वे विकासशील कहलाते हैं और जो देश अभी भी विकास की दौड़ में काफी पिछड़े हुए हैं जहां पर विज्ञान और तकनीक भी काफी पुरानी है और आधुनिकता के लिए दूसरे देशों पर अधिक निर्भर हैं वे अल्पविकसित देशों की श्रेणी में आ गए।

चाहे कुछ भी हो लेकिन सभी देशों की अर्थव्यवस्था एक-दूसरे पर निर्भर जरुर है। चाहे विकसित से विकसित राष्ट्र ही क्यों ना हो, वह भी कहीं ना कहीं एक विकासशील या अल्पविकसित राष्ट्र पर निर्भर करता है। क्योंकि उसे भी अपना माल बेचने के लिए अंतर्राष्ट्रीय बाजार की आवश्यकता पड़ती है, जिससे वह विदेशी मुद्रा प्राप्त करता है और अपनी अर्थव्यवस्था को मजबूत करता है। इसी प्रकार विकासशील और अल्पविकसित राष्ट्र भी अपनी जरूरतों को पूरा करने के लिए विकसित राष्ट्रों पर निर्भर करते हैं। उदाहरण के तौर पर जैसे अरब देशों में तेल की अधिकता है और कृषि उत्पादन कम ही है तो ऐसे में तेल बेचते हैं और खाद्य चीजों के लिए भारत जैसे कृषिगत देशों पर निर्भर रहते हैं। अमेरिका और चीन जैसे विकसित देश अधिकतर अपनी नई तकनीक और आविष्कारों के कारण विकसित होते हैं। परंतु उन्हें भी अपनी चीजों को बेचने के लिए भारत जैसे बड़े बाजार की जरूरत पड़ती है। कुल मिलाकर कहा जाए तो सभी देश एक-दूसरे पर इतना निर्भर हो गए हैं कि पूरा विश्व मानो एक देश के ही समान है जिसकी कोई सीमाएं नहीं हैं।

हमारा देश भारत एक विकासशील देश है और भारत भी अन्य देशों से बहुत-सी चीजों का आयात करता है। उसी प्रकार भारत पर भी बहुत देश निर्भर हैं और भारत उन्हें बहुत सी चीजें निर्यात करता है। अपने पड़ोसी देशों के लिए तो भारत एक बड़े भाई की भूमिका निभाता है। वहीं अमेरिका, चाइना और अन्य देशों से काफी चीजें आयात कर अपनी जरूरतों को पूरा करता है। कुल मिलाकर विकसित राष्ट्र वही बन पाता है जो आत्मनिर्भर होता है यानी जिन देशों को कम-से-कम चीजें आयात करनी पड़ती हैं और वह अधिक निर्यात करता है और इन सब में उस देश की सरकार और नेत्तृत्व की अहम भूमिका होती है।

इस विकास की होड़ और भागदौड़ में दुनिया में प्रतिस्पर्धा चल ही रही थी कि अचानक कुछ ऐसा हुआ कि सब थम सा गया। दुनियाभर के बाजार गिर गए, व्यापार रुक गए, दुनियाभर में आर्थिक मंदी आ गयी, देशों की अर्थव्यवस्था चौपट हो गई। क्योंकि एक ऐसी समस्या सामने आ गई कि शायद ही किसी ने इसकी कल्पना की हो और जिससे निपटने के लिए कोई तैयार ही नहीं था और इस समस्या का नाम था 'कोरोना वायरस।'

वायरस और बदलाव

चाइना से शुरू हुए इस वायरस ने जब अपना पहला कदम रखा तो शायद ही किसी को यह भनक थी कि इसकी वजह से एक दिन पूरी दुनिया के सभी लोग अपने-अपने घरों में कैद हो जाएंगे। आज स्थिति इतनी भयावह हो चुकी है कि इस वायरस के संक्रमण से दुनियाभर में लाखों लोगों की जान जा चुकी है। अधिकतर देशों की स्थिति ऐसी है कि उन्हें दोबारा से अपनी अर्थव्यवस्था को पटरी पर लाने में सालों लग जाऐंगे। इस समय आवागमन के साधन बंद हो चुके हैं। आयात-निर्यात पूरी तरह बंद हो चुका है। वैश्विक स्तर पर अव्यवस्था इतनी अधिक बिगड़ चुकी है कि रोजगार, काम धंधे समाप्त हो चुके हैं। सभी देशों की मेडिकल सुविधाओं की पोल खुल गई है। भारत की क्या बात करें अमेरिका और यूरोप के विकसित राष्ट्र भी बेरोजगारी और अर्थव्यवस्था में भयंकर मंदी की मार झेल रहे हैं और कोरोना वायरस के संक्रमण को रोकने में असक्षम रहे हैं। अरबों लोगों का जीवन इससे प्रभावित हुआ है। और सबसे बड़ी बात यह है कि अभी तक इस वायरस की कोई दवा या वैक्सीन नहीं आई है, क्योंकि किसी वायरस की वैक्सीन बनने में लगभग एक से डेढ़ वर्ष लगता है और यहां तक कि डब्ल्यूएचओ ने भी आशंका जताई है कि पता नहीं इस वायरस को नष्ट करने वाली वैक्सीन बन भी पाएगी या नहीं, कहीं ऐसा ना हो कि हमें इस वायरस के साथ ही जीना पड़े। हालांकी जिस प्रकार दुनियाभर के वैज्ञानिक इसका तोड़ निकालने में लगे हुए हैं तो उससे उम्मीद तो यही की जा सकती है कि जल्द ही कुछ इलाज तो इसका जरूर निकलेगा लेकिन इलाज आने में इतनी भी देर ना हो जाए कि हम बहुत कुछ खो दें।

दरअसल में यह वायरस है भी ऐसा ही। इसका संक्रमण छूने से, साथ रहने से ह्यूमन टू ह्यूमन कांटेक्ट से फैलता है। वायरस के फैलते समय शुरुआत में यह जानकारी नहीं थी और चीन और डब्ल्यूएचओ ने भी इस जानकारी को पूरी दुनिया से छुपाया। इसलिए चीन की इस लापरवाही या बात को छुपाने के लिए हम उसे जिम्मेदार ठहरा सकते हैं। पूरे विश्व में यदि आज किसी देश ने इस वायरस पर काबू पाया है तो वह चीन ही है। वुहान शहर, जहां से इस वायरस की शुरुआत हुई थी, उस शहर का लॉकडाउन खुलना और संक्रमण का पूरी तरह खत्म होना चीन को कटघरे में लाकर खड़ा करता है परंतु इसके साथ-साथ यह भी दर्शाता है कि सावधानी,

सफाई और सामाजिक दूरी बनाकर वायरस पर बिना वैक्सीन के भी विजय प्राप्त की सकती है। लेकिन दूसरे देशों को इस वायरस के बारे में आगाह न करना उसकी सबसे बड़ी गलती है। और इसकी वजह से पूरी दुनिया चीन से नाराज है। लेकिन फिलहाल तो समस्या यह है कि जब तक वैक्सीन ना आ जाए कोरोना से निपटा कैसे जाए?

जहां पूरा विश्व- अमेरिका, चीन, इटली, ब्रिटेन, फ्रांस, स्पेन, जर्मनी जैसे विकसित देशों ने इस वायरस के सामने अपने घुटने टेक दिये। जहां जनसंख्या घनत्व बहुत कम है फिर भी वायरस संक्रमण खूब फैला और लाखों लोगों ने अपनी जान गवां दी। ऐसे समय भारत जैसा विकासशील देश जिसकी जनसंख्या 1 अरब 35 करोड़ है वहां क्या हाल होगा? पूरे विश्व की निगाहे भारत पर थी। ऐसे में हमारे देश ने वह कर दिखाया जो शायद किसी ने सोचा न था। प्रधानमंत्री नरेंद्र मोदी ने देश में सही समय पर लॉकडाउन का निर्णय लिया और जनता ने साथ देते हुए इसका बहुत अच्छे से पालन किया है और आज भारत की स्थिति अन्य देशों की स्थिति से काफी बेहतर है।

प्रधानमंत्री द्वारा लिए गए निर्णय की पूरे विश्व ने सराहना की और सिर्फ निर्णय लेने से ही कुछ नहीं होता उसका पालन करना भी उतना ही आवश्यक है और इसके लिए उस नेता की ऐसी छवि होना अत्यंत आवश्यक है कि जिससे लोग उसकी बातों को माने और नियमों का पालन करें। और यही कारण है कि भारत में कोरोना के खिलाफ लड़ी गई लड़ाई में अभी तक भारत ही विजयी रहा है। भारत की जनता ने अपने नेता को निराश नहीं किया और कोरना से जंग में अपना महत्त्वपूर्ण योगदान दिया है। जबकि एक अरब 35 करोड़ आबादी वाले इस देश की स्थिति के लिहाज से देखा जाए तो आप सोच सकते हैं कि यदि यहां कोरोना महामारी पर थोड़ा नियंत्रण नहीं हो पाता तो कितनी भयंकर स्थिति पैदा हो सकती थी। करोड़ों लोग इससे ग्रसित हो जाते और लाखों लोगों की जान अकेले भारत में ही चली जाती।

भारत की कोरोना से लड़ी इस जंग से अमेरिका जैसा देश भी सीख ले रहा है और भारत ने भी अमेरिका ही नहीं वरन अनेक देशों को हाइड्रोक्सीनक्लोरोक्वीन दवा भेजकर मदद की है, जिसकी सभी देशों ने सराहना की है। भारत इस दौरान एक विश्व गुरु की भूमिका में सामने आया है, जिसका श्रेय काफी हद तक हमारे प्रधानमंत्री नरेंद्र मोदी को जाता है।

लॉकडाउन और मंदी

यदि भारत की बात करें तो भारत आयात में चीन पर बहुत अधिक निर्भर करता है। जिन बीस उत्पादों का भारत दुनिया से आयात करता है, उनमें से अधिकांश में चीन एक बहुत महत्त्वपूर्ण हिस्सेदारी रखता है। भारत का लगभग 45% इलेक्ट्रॉनिक आयात चीन पर निर्भर करता है, वहीं मशीनरी का लगभग एक-तिहाई और कार्बनिक रसायन का कुछ हिस्सा भारत चीन से ही खरीदता है। मोटर पार्टस् और उर्वरक भी चीन से भारत आते हैं और लगभग 90% मोबाइल फोन चीन से भारत में आते हैं। इसलिए हम कह सकते हैं कि कोरोना वायरस की महामारी के कारण, चीन पर आयात निर्भरता का भारतीय उद्योग एवं व्यापार पर गहरा प्रभाव पड़ा है।

आयात के मामले में ही नहीं बल्कि निर्यात के मामले में भी चीन भारत का तीसरा सबसे बड़ा साझेदार है और लगभग 5% हिस्सेदारी रखता है। इसका असर जैविक रसायन, प्लास्टिक, कपास, मछली उत्पाद, अयस्कों इत्यादि क्षेत्रों पर पड़ सकता है। इसके अलावा बहुत-सी भारतीय कंपनियां चीन में स्थित हैं और कई क्षेत्रों जैसे औद्योगिक निर्माण, विनिर्माण सेवाओं, आईटी, रसायन, एयरलाइंस और पर्यटन सहित काम करती हैं। लेकिन कोविड-19 के कारण भारत के निर्यात पर भी बहुत असर पड़ा है। चीन ही नहीं बल्कि अन्य देशों से आयात-निर्यात मंद हुआ है, जिससे देश की अर्थव्यवस्था में गिरावट आई है।

वहीं संयुक्त राष्ट्र व्यापार की नवीनतम रिपोर्ट के अनुसार विश्व की अर्थव्यवस्था कोरोनो वायरस महामारी के कारण मंदी में चली गई है। कुछ विशेषज्ञों और अर्थशास्त्रियों की रिपोर्ट के अनुसार विश्व में लगभग सभी देशों की अर्थव्यवस्था पर कोरोना वायरस की महामारी के कारण काफी प्रभाव पड़ा है। इसके कारण विकासशील देशों में रहने वाले दुनिया के दो-तिहाई लोगों को भयंकर आर्थिक हानि का सामना करना पड़ सकता है। एक रिपोर्ट के अनुसार विश्व अर्थव्यवस्था इस वर्ष मंदी के दौर में जाएगी और जिससे अरबों-खरबों डॉलर की वैश्विक आय का नुकसान होगा और विकासशील देशों के लिए गंभीर मुसीबत बन जाएगी।

आज भारत समेत सभी देशों में लॉकडाउन है जिससे विश्व आर्थिक मंदी की चपेट में है। लेकिन यह लॉकडाउन हमेशा नहीं रखा जा सकता। अर्थव्यवस्था को उठाने के लिए बाजारों का खुलना बहुत जरूरी है। इसलिए

कुछ राहत देते हुए पूरी दुनिया में सभी जगह पर बाजार खोले जा रहे हैं। भारत में भी यह कदम उठाया गया है। रेड जोन, ऑरेंज जोन और ग्रीन जोन बनाकर कुछ रियायतें दी जा रही हैं। लेकिन फिलहाल अर्थव्यवस्था को एकदम से फिर पुरानी अवस्था में नहीं लाया जा सकता, इसमें समय लगेगा। तो ऐसे में क्या किया जाए? ऐसे में प्रधानमंत्री मोदी द्वारा की गई घोषणाएं बहुत अहम हैं और कुछ निर्णय लिए गए हैं कि एक तो सफाई के साथ-साथ सामाजिक दूरी रखी जाए। मास्क लगाकर, सैनिटाइजर का उपयोग करके, सफाई का ध्यान रखकर दोबारा से नई शुरुआत की जाए। इससे कम से कम कोरोना की चपेट में आने से तो बचा जा सकेगा।

रही बात अर्थव्यवस्था की तो अब जब भारत में लोगों को थोड़ी ढील देकर बाजार खोले गए हैं तो अभी बाजारों का चलना थोड़ा मुश्किल है क्योंकि कोरोना अभी भी हमारे बीच मौजूद है और अपना संक्रमण फैला रहा है, इसलिए लोग अभी भी बाहर निकलने और खरीददारी करने से बच रहे हैं। इसके अलावा दुनियाभर से आयात निर्यात बंद है और यह शुरु भी किया जाए तो इसका अधिक फायदा चीन जैसे देशों को ही होगा जहां से हम आयात अधिक करते हैं। इसीलिए प्रधानमंत्री ने एक बहुत बड़ी बात कही और वह है, 'आत्मनिर्भरता', यानी अब सभी चीजों का उत्पादन हमारे देश में ही किया जाए और अन्य देशों पर निर्भरता कम की जाए। अधिक निर्यात किया जाए जिससे अन्य देश हमारे ऊपर निर्भर हों, हम अन्य देशों पर नहीं।

आत्मनिर्भरता: एक पुरानी जरूरत

भारत के प्रधानमंत्री श्री नरेंद्र मोदी ने जब से प्रधानमंत्री पद का भार संभाला है, तभी से उन्होंने गांधीजी वाले विचारों पर बल दिया है। इनकी सरकार द्वारा बहुत योजनाएं चलाई गईं, जैसे स्वच्छ भारत अभियान, मुद्रा योजना, स्किल इंडिया मिशन आदि और इन सभी योजनाओं का लाभ भी पूरे भारतवर्ष में सभी को मिला है। लेकिन इन्हीं योजनाओं में से एक सबसे खास योजना रही 'मेक इन इंडिया', जिसका उद्देश्य था देश में विनिर्माण क्षेत्र को बढ़ावा देना यानी 'आत्मनिर्भरता'।

इसे इस तरह से समझते हैं। हम भारतीयों में अनेक ऐसी खास बातें हैं जो हमें अन्य देशों के लोगों से काफी अलग करती हैं। हम लोगों में देश प्रेम की जो भावना है, वह अन्य देशों की तुलना में बहुत है। हम अपने देश की रक्षा करना अपनी सेना से, अपने महान पुरुषों से हमेशा सीखने की कोशिश

करते हैं और हमेशा देश के लिए प्राण न्यौछावर करने तक को तैयार रहते हैं। एक दूसरे की मदद करना, परिवार में रहना, समाज में अपना योगदान देना यह हमारी संस्कृति, हमारे धर्म और हमारी परंपरा ने हमेशा सिखाया है। यही कारण है कि सभी तरह के धर्म, जात-पात, काले-गोरे की भावनाओं को मिटा कर हम मुसीबत के समय में साथ हो जाते हैं। हम देश में रहकर या बाहर रहकर भी देश के विकास में योगदान देते हैं। हमारे देश की जनसंख्या इतनी है कि हम पूरी दुनिया के लिए एक बहुत बड़े बाजार के रूप में हैं जहां हर कोई अपना माल बेचना चाहता है। लेकिन क्या हम ऐसा सोचते हैं कि हम बाहर से आया माल क्यों खरीदें? जबकि हममें वो गुण है कि हम सभी चीजें हमारे देश में ही बना सकते हैं और आत्मनिर्भर बन सकते हैं।

जी हां, हम ऐसा सोचते हैं कि हम आत्मनिर्भर कब बनेंगे? हम कब चाइना से माल लेना बंद करेंगे? हम कब दूसरे देशों पर निर्भरता कम करेंगे? हम कब अपने सामान का निर्यात बाहर कर सकेंगे? हम कब जरूरी चीजों का हमारे ही देश में निर्माण करेंगे? हम कब चीन और अमेरिका को टक्कर दे सकेंगे?

इसकी शुरुआत सरकार ने कई योजनाएं चलाकर कर दी थी। दरअसल अर्थव्यवस्था का एक पहलू होता है, वो एकदम से शिखर पर नहीं पहुंच सकती। एकदम से हम अपने आप पर निर्भर नहीं हो सकते। एकदम से हम दूसरे देशों से आयात-निर्यात कम या बंद नहीं कर सकते, इसके लिए थोड़ा समय लगता है। यह बात ठीक है कि हम काफी चीजों पर चाइना, अमेरिका या अन्य यूरोपियन या बड़े विकसित राष्ट्रों के ऊपर निर्भर हैं। चाइना को हम जितना माल निर्यात करते हैं उससे 4 गुना अधिक आयात करते हैं। तो सीधी-सी बात है, इससे चाइना जैसे बड़े देश को बहुत फायदा मिलता ही है। उसकी अर्थव्यवस्था मजबूत होती ही है। इसीलिए आत्मनिर्भरता की ओर सरकार का ध्यान हमेशा से ही रहा है, लेकिन हां, अभी उसे पूर्ण रूप देने की शुरुआत नहीं हो पाई थी।

मोदी है तो मुमकिन है

योजनाएं चल रही थीं, अर्थव्यवस्था बढ़ रही थी, सब कुछ ठीक ही था, लेकिन कोरोना ने सब कुछ उलट दिया। अब स्थिति यह हो गई है कि हमें किसी भी तरीके से आत्मनिर्भर बनना ही पड़ेगा। वो भी जल्द-से-जल्द, क्योंकि स्थिति यही है। ऐसा नहीं है कि हम अभी आयात या निर्यात नहीं

कर सकते। हम कर सकते हैं लेकिन यह हम तब कर पाएंगे जब दूसरे देशों की स्थिति ठीक होगी। सभी देश आर्थिक तंगी की मार झेल रहे हैं और यदि उनके पास ही चीजों की कमी हो जाए तो वे हमें कहां से देंगे?

लेकिन प्रधानमंत्री ने गिरी हुई अर्थव्यवस्था को उठाने के लिए एक बहुत ही बड़ा कदम उठाया है। यह वह कदम है जिसके बारे में हम हमेशा बात करते हैं, यानी 'आत्मनिर्भरता।' और इसके लिए वायरस के कारण हुई इस मंदी से निपटने के लिए प्रधानमंत्री ने 20 लाख करोड़ रुपए के फंड की घोषणा की है। जो कि भारत को आत्मनिर्भर बनाएगा। यानी अब हमें दूसरे देशों पर किसी भी प्रकार से निर्भर न रहना पड़े।

यही तो हम चाहते थे। यही तो हम सोच रहे थे। यही तो हम बात करते थे कि हम चाइना से माल लेना कब बंद करेंगे? अमेरिका से माल लेना कब बंद करेंगे? यूरोपियन देशों के भरोसे कब छोड़ेंगे? वह समय अब आ गया। यह पैसा अब इस प्रकार खर्च किया जाएगा कि अब हम जिस भी माल का आयात विदेशों से करते हैं उसका अब हमारे देश में ही उत्पादन हो। हमारा पैसा बाहर नहीं जाए। हमें कोई चीज दूसरे देशों से खरीदने नहीं पड़े, बल्कि इसे बाहर बेचकर बाहर से धन कमाया जा सके जो कि विकसित राष्ट्र करते हैं। यही गांधीजी का सपना था कि 'स्वदेशी अपनाओ' और प्रधानमंत्री नरेंद्र मोदी ने इसकी नींव रख दी है।

नरेंद्र मोदी जी और भारत की वर्तमान सरकार बड़े-बड़े फैसले लेने में माहिर रही है। चाहे वह नोटबंदी का हो, धारा 370 का कश्मीर मुद्दा हो, सी.ए.ए हो, बड़े-बड़े रुके हुए फैसले हों। ये सभी इस वर्तमान सरकार ने पूरी कार्यकुशलता से निपटा दिये। अभी तक भ्रष्टाचार का किसी भी प्रकार का आरोप हमारी इस वर्तमान सरकार पर नहीं लगा है। और अब यह 20 लाख करोड़ का बजट जो कि अर्थव्यवस्था को आत्मनिर्भर करके मजबूत करने का है। यह अभी तक का सबसे बड़ा ऐतिहासिक फैसला है।

गरीब-से-गरीब वर्ग के बारे में सोच कर दिया गया यह पैकेज मोदी जी को एक अलग तरह का नेता बनाता है। आज भारत के कोरोना संकट से निपटने के लिए अपनाए गए उपाय और तरीकों ने पूरे विश्व में प्रधानमंत्री की छवि को शिखर पर लाकर खड़ा कर दिया है। आज भारत से विकसित देश यह सीख रहे हैं कि इतनी अधिक जनसंख्या होने के बाद भी किस तरीके से इस महामारी से भारतीय सरकार और हर भारतीय व्यक्ति ने लड़ाई लड़ी है। इसका सारा श्रेय नेतृत्व क्षमता को ही जाता है, जो कि प्रधानमंत्री

मोदी की है। आज अमेरिका, रूस, ब्रिटेन जैसे बड़े-बड़े विकसित राष्ट्र भी भारत की ओर टकटकी लगाए बैठे हैं और मदद की अपेक्षा कर रहे हैं। यह भारत का विश्व गुरु बनने की ओर बढ़ता हुआ कदम नहीं तो और क्या है?

अर्थव्यवस्था की वैक्सीन

प्रधानमंत्री नरेन्द्र मोदी ने कोरोना वायरस महामारी के कारण देश की लड़खड़ाई अर्थव्यवस्था को फिर से मजबूती देने के लिए बीस लाख करोड़ रुपये के आर्थिक पैकेज की घोषणा की है। कोरोना वायरस की वजह से विश्व की अर्थव्यवस्था चरमरा गई है और अभी तक इस वायरस की कोई वैक्सीन भी नहीं आई है। लेकिन प्रधानमंत्री द्वारा घोषित यह पैकेज कोरोना वायरस के लिए तो नहीं लेकिन इसकी वजह से आई अर्थव्यवस्था में गिरावट के लिए तो एक वैक्सीन की तरह है। विश्व में विभिन्न देशों द्वारा अब तक घोषित बड़े आर्थिक पैकेजों में से एक है। प्रधानमंत्री नरेन्द्र मोदी ने बताया कि बीस लाख करोड़ रुपये का यह पैकेज देश की सकल घरेलू उत्पाद (जीडीपी) के करीब 10 प्रतिशत के बराबर है। इस प्रकार यह पैकेज कोरोना वायरस के खिलाफ जंग लड़ रहे देशों द्वारा घोषित बड़े पैकेजों में से एक बन गया है। एक देश की जीडीपी एक तरह से उस देश की आर्थिक सेहत की स्थिति जानने का पैमाना होता है। जिसके अंतर्गत एक निश्चित समय में देश के अंदर बनने वाली सभी तैयार वस्तुओं और सेवाओं की कीमत या मौद्रिक मूल्य आते हैं। इसके अलावा जीडीपी में निजी और सार्वजनिक उपभोग, निवेश, सरकारी खर्च, निजी आविष्कार, भुगतान-निर्माण लागत और व्यापार का विदेशी संतुलन शामिल होते हैं।

प्रधानमंत्री ने कहा कि एक वायरस ने पूरी दुनिया को तहस-नहस कर दिया, सारी दुनिया जिंदगी बचाने की जंग में जुटी है। यह मानव जाति के लिए अकल्पनीय है। उन्होंने कहा, 'हमें बचना भी है और आगे बढ़ना भी है। हमें अपना संकल्प और मजबूत करना होगा यह इस संकट से भी विराट होगा।' मोदी ने सरकार की ओर से अर्थव्यवस्था के विभिन्न क्षेत्रों के लिए 20 लाख करोड़ रुपये की आर्थिक पैकेज की घोषणा करते हुए कहा कि यह पैकेज 2020 में आत्मनिर्भर भारत को नई गति देगा।

प्रधानमंत्री नरेंद्र मोदी ने कोरोना काल में देश को 5वीं बार संबोधित करते हुए 20 लाख करोड़ के आर्थिक पैकेज की घोषणा की। ये ऐलान करते हुए पीएम मोदी ने कहा, 'ये पैकेज भारत की GDP का करीब-करीब

10 प्रतिशत है। यह पैकेज 2020 में देश की विकास यात्रा को एक नई गति देगा। आत्मनिर्भर भारत के संकल्प को सिद्ध करने के लिए इस पैकेज में लैंड, लिक्विडिटि, लेबर, कुटीर उद्योग, लघु उद्योग सभी के लिए बहुत कुछ है। ये पैकेज देश के उस किसान के लिए है, जो दिन-रात परिश्रम कर रहा है। ये देश के मध्यम वर्ग के लिए है। ये पैकेज भारत के उद्योग के लिए है। कल से आने वाले कुछ दिनों तक वित्त मंत्री द्वारा इस आर्थिक पैकेज की विस्तार से जानकारी दी जाएगी।'

1. प्रधानमंत्री श्री नरेंद्र मोदी ने कहा कि हमारे देश के भाई-बहनों ने इस कोरोना काल में अपनी सहनशक्ति का बेहतरीन परिचय दिया है और उन्होंने यह भी कहा कि भारतीय जनता निराश ना हो। प्रधानमंत्री जी ने सभी की आवश्यकताओं को ध्यान में रखते हुए आर्थिक पैकेज का ऐलान किया।
2. प्रधानमंत्री श्री नरेंद्र मोदी ने इस संकटकाल में अर्थव्यवस्था को पटरी पर लाने एवं जनकल्याण को ध्यान में रखते हुए 20 लाख करोड़ रुपए के पैकेज का ऐलान किया था तथा इस पैकेज का ऐलान वित्त मंत्री निर्मला सीतारमण ने विस्तारपूर्वक प्रेस कॉन्फ्रेंस में किया था।
3. इस उद्घोषणा के अनुसार वित्त वर्ष 2019-20 के लिए आयकर रिटर्न भरने की अंतिम तिथि को बढ़ाकर 30 नवंबर, 2020 कर दिया गया तथा इसी प्रकार विवाद से विश्वास स्कीम की अंतिम सीमा जो कि पहले 30 जून तक थी उसको बढ़ाकर 31 दिसंबर, 2020 तक कर दिया गया।
4. TDS के जरिए सरकार टैक्स जुटाती है। टीडीएस वह राशि है जो विभिन्न प्रकार के आय के स्रोत पर सरकार द्वारा काटी जाती है। इस आय के स्रोत में सैलरी, किसी निवेश पर मिलने वाला ब्याज, या कमीशन इत्यादि शामिल होते हैं। प्रधानमंत्री श्री नरेंद्र मोदी द्वारा की गई उद्घोषणा में टैक्स देने वाले लोगों को 31 मार्च, 2021 तक टीडीएस कटौती में 25 फीसदी तक राहत देने की घोषणा की गई।
5. भवन निर्माण के मामलों में भी एक नई एडवाइजरी जारी की जाएगी तथा सभी प्रकार के प्रोजेक्ट को मार्च के बाद 6 महीने की मोहलत दी जाएगी।

6. बिजली वितरण कंपनियों की मदद के लिए भी इमरजेंसी लिक्विडिटी के रूप में 90 हजार करोड़ की राशि दी जाएगी।
7. नकदी के संकट से बचने के लिए नॉन बैंकिंग फाइनेंस कंपनी, माइक्रो फाइनेंस कंपनी इत्यादि के लिए 30 हजार करोड़ की विशेष लिक्विडिटी स्कीम भी लाई जा रही है।
8. पहले से चली आ रही योजना एनबीएफसी को विस्तारित किया जाएगा तथा दूसरी ओर आंशिक ऋण गारंटी योजना का भी विस्तार किया जाएगा, जिसमें कम रेटिंग वाले एनबीएफसी को भी कर दिया जाएगा।

ईपीएफ पर बड़ी राहत

कर्मचारियों को फायदा पहुंचाने तथा संस्थाओं की स्थिति को सुधारने के लिए वित्त मंत्री निर्मला सीतारमण ने यह बताया कि अब अगस्त तक कंपनी और कर्मचारियों की तरफ से 12 फीसदी + 12 फीसदी की रकम ईपीएफओ में जमा की जाएगी। इससे 75 लाख से अधिक कर्मचारियों एवं संस्थाओं को फायदा मिलेगा तथा यह ध्यान रखने योग्य है कि मार्च, अप्रैल और मई में भी सरकार ने इसमें सहयोग किया था तथा इस सुविधा को 3 महीने के लिए और बढ़ा दिया गया है।

परंतु इस योजना को कुछ शर्तों के साथ लागू किया जा रहा है। इन शर्तों के अनुसार इसका फायदा उन्हीं कंपनियों को मिलेगा जिनमें 100 से कम कर्मचारी काम करते हैं तथा 90 फीसदी कर्मचारियों की तनख्वाह 15000 से कम है। अत: 15,000 से अधिक तनख्वाह पाने वाले कर्मचारियों को इसका लाभ नहीं मिलेगा। कर्मचारियों का 12 फीसदी की बजाए 10 फीसदी इपीएफ कटेगा।

MSME के लिए बड़ा ऐलान

प्रधानमंत्री श्री नरेंद्र मोदी के भाषण के उपरांत निर्मला सीतारमण ने यह बताया कि एमएसएमई देश की रीढ़ है तथा यह 12 करोड़ लोगों को रोजगार देता है। इसके लिए राहत पैकेज मुहैया कराया जाएगा, जिसमें 30 लाख करोड़ का लोन इस सेक्टर को दिया जाएगा। इसकी समय सीमा 4 वर्ष तक होगी तथा 12 महीने तक कोई मूलधन नहीं चुकाना होगा। वित्त मंत्री ने यह भी कहा कि एमएसएमई के लिए 20 हजार करोड़ का

प्रावधान किया गया है। इससे दो लाख से ज्यादा तनाव वाली एमएसएमई को लाभ पहुंचेगा। राहत पैकेज के पहले चरण में एमएसएमई पर फोकस, इसके अलावा एमएसएमई के लिए 50 हजार रुपये की इक्विटी एक विजन का फंड मुहैया करवाया जाएगा ताकि वह समुचित तरीके से कार्य कर सकें एवं वित्त मंत्री ने यह बताया कि काफी विचार विमर्श के उपरांत यह निर्णय लिया गया है तथा यह पैकेज हमारे देश को आत्मनिर्भर बनाने की दिशा में एक महत्त्वपूर्ण कदम है तथा इस पैकेज को अंतिम रूप देने के लिए हर बैठक में प्रधानमंत्री श्री नरेंद्र मोदी भी शामिल रहे हैं।

वित्त मंत्री निर्मला सीतारमण ने बताया कि एमएसएमई सूक्ष्म लघु और मध्यम उद्योग की परिभाषा बदल दी गई है तथा इसके निवेश की सीमा में भी बदलाव किया गया है तथा एक करोड़ निवेश या 10 करोड़ टर्नओवर पर सूक्ष्म उद्योग का दर्जा दिया जाएगा। इसी तरह 10 करोड़ निवेश या 50 करोड़ टर्नओवर पर लघु उद्योग का दर्जा दिया जाएगा एवं 20 करोड़ निवेश या 100 करोड़ टर्नओवर पर मध्यम उद्योग का दर्जा दिया जाएगा तथा निर्मला सीतारमण ने यह भी जोड़ा कि मौजूदा समय में किसी प्रकार के व्यापार मेलों का आयोजन नहीं किया जा सकेगा एवं निर्मला सीतारमण ने बताया कि 200 करोड़ तक का कोई भी टेंडर वैश्विक रूप से नहीं होगा एवं एमएसएमई को मार्केट से जोड़ा जाएगा एवं सरकार एमएसएमई के पेमेंट 45 दिन के भीतर करेगी। वित्त मंत्री के अनुसार 20 लाख करोड़ के पैकेज में तीन लाख करोड़ सूक्ष्म लघु एवं मध्यम उद्योगों को दिए जाएंगे तथा इसमें बिना गारंटी का लोन दिया जाएगा जिसकी सीमा 4 साल तक दी जाएगी एवं यह ऑफर 31 अक्टूबर, 2020 तक के लिए लागू है।

वित्त मंत्री के अनुसार इस समय कोरोना की वजह से आई आर्थिक संकट से एमएसएमई तनाव में है तथा इससे बचने के लिए सबोर्डिनेट के माध्यम से 20 हजार करोड़ की नकदी जमा की जाएगी एवं एमएसएमई को मदद दी जाएगी। वित्त मंत्री ने कहा कि एमएसएमई सक्षम है किंतु कोरोना की वजह से जिस प्रकार का संकट आया है उससे बचने के लिए तथा इन छोटे कारोबारियों के विस्तार के लिए 10,000 करोड़ के फंड की मदद भी की जाएगी। सार्वजनिक क्षेत्रों को बैंकों से जुड़े आधार तथा बैंकों के रीकैपिटलाइजेशन के लिए भी काम किया जाएगा। वित्त मंत्री ने यह भी बताया कि 41 करोड़ जन धन अकाउंट होल्डर्स के खाते में डीबीटी ट्रांसफर किया जाएगा। वित्त मंत्री ने बताया कि 20 लाख करोड़ के पैकेज को लेकर

जो चर्चा हुई उसमें प्रधानमंत्री के अलावा अन्य संबंधित कार्यालय भी चर्चा में शामिल रहे।

प्रवासी मजदूरों के लिए की गई घोषणा

प्रधानमंत्री श्री नरेंद्र मोदी ने प्रवासी मजदूरों के लिए अगले 2 महीने तक मुफ्त राशन की घोषणा की तथा अपने राज्यों में लौटे मजदूरों के भरण-पोषण के लिए 11000 करोड़ रुपए की राशि देने की भी घोषणा की है। इस उद्घोषणा के अंतर्गत प्रवासी मजदूर, रेहडी पटरी पर सामान बेचने वाले छोटे किसान तथा रोज का कार्य करके अपनी रोजी-रोटी चलाने वाले लोगों को प्रमुखता दी गई है। 9 चरण में किए गए इन इलाकों में प्रवासी मजदूरों एवं छोटे-मोटे कार्य करने वाले किसान लोग शामिल थे। इस योजना का लाभ उन मजदूरों को भी मिलेगा जो खाद्य सुरक्षा कानून के दायरे में नहीं आते एवं जिनके पास राशन कार्ड नहीं हैं। ऐसे आठ करोड़ प्रवासी मजदूरों के लिए 35 हजार करोड़ का प्रावधान किया गया है।

इस उद्घोषणा के अनुसार अगले 2 महीने तक हर मजदूर परिवार को 5-5 किलो गेहूं, चावल, 1 किलो चना तथा अन्य आवश्यक खाद्य सामग्री मुहैया कराई जाएगी। वन नेशन वन राशन कार्ड योजना के तहत मजदूर चाहे देश के किसी भी कोने में क्यों ना हो, वह हर जगह पर जाकर अपने लिए राशन ले सकता है तथा इसका फायदा उन प्रवासी मजदूरों को भी मिल पाएगा जो रोजगार के लिए दूसरे राज्यों में जाकर बस जाते हैं। जो प्रवासी मजदूर अपने राज्यों को वापस चले गए उनकी मदद के लिए अभी तक 10000 करोड़ रुपए दिए जा चुके हैं। सरकार की यह पूरी कोशिश है कि प्रवासी मजदूर एवं शहर के गरीब लोगों को कम कीमत पर किराए का घर मिल सके, उन्हें खाद्य सामग्री मिल सके तथा इसके लिए राज्य सरकारें एवं उद्योगपति अपना योगदान करेंगे। इस कार्य के लिए मार्च, 2021 तक का लक्ष्य रखा गया है तथा इसकी व्यवस्था पीपीपी (पब्लिक प्राइवेट पार्टनरशिप) के तहत की जाएगी।

जो क्षेत्र असंगठित हैं उनमें कार्य करने वाले 30 फीसदी मजदूर ही वेतन का लाभ उठा पाते हैं तथा उन्हें काफी असुविधा का सामना करना पड़ता है इसीलिए सरकार ने ऐसे कदम उठाए हैं जिससे अधिक से अधिक मजदूर न्यूनतम वेतन कानून का लाभ उठा सकें और क्षेत्रीय असमानता खत्म हो। इस नियम को पूर्ण रूप से कानूनी स्वरूप देने की कोशिश की जाएगी मजदूरों

को एक नियुक्ति पत्र दिया जाएगा जिसके अनुसार उनको साल में एक बार हेल्थ चेकअप करवाना अनिवार्य होगा पर यह नियम खासतौर पर खतरनाक परिस्थितियों में कार्य करने वाले मजदूरों की सुरक्षा को ध्यान में रखकर बनाया गया है। मजदूरों की दिहाड़ी की राशि 182 प्रतिदिन से बढ़ाकर 202 प्रतिदिन कर दी गई है।

नाबार्ड (नेशनल बैंक फॉर एग्रीकल्चर एंड रूरल डेवलपमेंट) ने ग्रामीण और सहकारी बैंकों को 29500 की मदद दी है एवं 25 लाख किसान क्रेडिट कार्ड उपलब्ध कराए हैं जिससे 3 करोड़ किसानों को मदद पहुंचाई जाए तथा लॉक डाउन के काल में भी जनसाधारण को असुविधा का सामना ना करना पड़े। रेहड़ी पटरी वालों तथा छोटे-छोटे कार्य करने वाले लोगों को 5000 करोड़ रुपए के सहयोग का भी ऐलान किया गया है। इस ऐलान के अंतर्गत हर एक व्यक्ति को 10000 तक का कर्ज मिलेगा एवं इस योजना को 1 महीने के भीतर सरकार लागू कर देगी तथा 50 लाख लोगों को इसका लाभ मिलेगा। ग्रामीण तथा आदिवासी क्षेत्रों में रोजगार बढ़ाने के लिए 6000 करोड़ रुपए के कैंपा फंड का भी ऐलान किया गया है तथा अर्ध शहरी इलाकों में भी इस योजना को लागू किया जाएगा। तीन करोड़ के लगभग छोटे और सीमांत किसानों को 30,000 करोड़ रुपए की अतिरिक्त सुविधा का भी ऐलान किया गया है और यह धनराशि नाबार्ड द्वारा दिए गए 90 हजार करोड़ रुपए से अलग है। क्षेत्रीय एवं सहकारी बैंक किसानों तक मदद पहुंचाएंगे तथा किसानों को 30 हजार इमरजेंसी वर्किंग कैपिटल फंड बना कर दिए जाएंगे। 2 लाख की राशि पशु पालन करने वाले एवं मछली के व्यवसाय में लगे तथा किसान लोगों को रियायती दर पर कर्ज देने के लिए निर्धारित की गई है।

मध्यमवर्ग के लिए किया गया मुख्य ऐलान

मुद्रा शिशु ऋण श्रेणी में आने वालों के लिए 1 लाख 62 हजार करोड़ रुपए अब तक खर्च किए जा चुके हैं तथा आने वाले समय में 3 करोड़ लोगों को 15 सौ रुपए करोड़ का लाभ मिलेगा तथा इस ब्याज में 2 फीसदी का खर्च सरकार स्वयं उठाएगी। हाउसिंग सेक्टर को बढ़ावा देने के लिए सरकार ने 70 हजार करोड़ की योजना का ऐलान किया है तथा इस योजना को 31 मार्च, 2021 तक के लिए बढ़ा दिया गया है। इसका लाभ ढाई लाख लोगों को मिलेगा। पिछले 2 महीने में कृषि क्षेत्र में

86 हजार करोड़ की राशि के 63 लाख लोन मंजूर किए गए।

हम सभी यह जानते हैं कि मार्च, अप्रैल का महीना अर्थव्यवस्था एवं किसानों के लिए अत्यधिक महत्त्वपूर्ण होता है। इसी दौरान सरकार ने यह फैसला किया तथा 3 करोड़ से अधिक किसानों ने कम खर्च पर एवं कम दरों पर दिए जाने वाले लोन का लाभ उठाया। सरकार अपने खर्चे पर शहरों में रहने वाले ऐसे लोग जिनके पास खुद के घर नहीं हैं, उन्हें खाना दे रही है तथा करोड़ों प्रवासी मजदूरों को काम भी दिया जा रहा है। कोरोना संकट के इस काल में 12000 स्वयंसेवी समूहों ने 3 करोड़ से अधिक मास्क, 1.2 लाख लीटर सैनिटाइजर और 7200 नए स्वयंसेवी समूहों का निर्माण किया। प्रधानमंत्री श्री नरेंद्र मोदी ने बताया कि 20 लाख करोड़ रुपए के पैकेज की घोषणा की गई है, उसमें से कोरोना से निपटने के लिए घोषित उपाय भी शामिल हैं।

पूर्वानुमान एवं तैयारियां

कोरोना के संकट से निपटने के लिए केंद्र सरकार ने मार्च में ही अपनी तैयारियां शुरू कर दी थी उन्होंने पेंशन धारकों के महंगाई भत्ते की वृद्धि पर जुलाई, 2021 तक रोक लगा दी। सांसदों के वेतन को कम कर दिया, सांसदों की क्षेत्र विकास निधि को भी 2 वर्ष के लिए निलंबित कर दिया एवं अनेकों इस प्रकार के उपाय एवं रणनीति जुटाना प्रारंभ कर दिया, जिससे कि कोरोना संकट से देश को उभारा जा सके। यह सारे कदम साधन, संसाधन जुटाने की रणनीति का हिस्सा बनें एवं कोरोना से निजात पाने के लिए राष्ट्र निर्माण में राजनेता, उद्योगपति, कर्मचारी, व्यापारी, किसान, मजदूर सभी को अपना योगदान देने की आवश्यकता है। राष्ट्र का निर्माण एक व्यक्ति विशेष का उत्तरदायित्व नहीं होता, किंतु यह देश के हर एक नागरिक का पूर्ण कर्तव्य होता है।

हम जानते हैं कि जब हम एक नेता को अपना मूल्यवान वोट देते हैं तो हम उस पर अपनी सुरक्षा एवं जिम्मेदारी का भरोसा दिखाते हैं, किंतु हमें हमेशा ध्यान रखना चाहिए कि जिस क्षण हमें अधिकार मिलते हैं उसी क्षण हमारे ऊपर कुछ जिम्मेदारियां भी आती हैं। देश के जिम्मेदार नागरिक होने के नाते हम सभी का कर्तव्य है कि हम आत्मनिर्भर बनें एवं अपना उत्तरदायित्व समझें। किसी भी गरीब को भूखा ना सोने दें तथा जितना हमारे बस में हो पाए हम गरीबों की सहायता करें तथा स्वयं को भी आत्मनिर्भर बनाने की उतनी ही मदद करें क्योंकि राष्ट्र निर्माण एवं राष्ट्रहित एक अकेले

इंसान के बस की बात नहीं है। एक इंसान हमें नेतृत्व दे सकता है तथा दिशा दिखा सकता है, किंतु यह पूर्ण रूप से हमारी जिम्मेदारी है कि हम उस सही दिशा में अपने कदम बढ़ाएं तथा राष्ट्र हित के लिए आत्मनिर्भर बने और खुद का तथा अपने देशवासियों का ख्याल रखें। अतः प्रधानमंत्री श्री नरेंद्र मोदी ने आत्मनिर्भरता का संबोधन करके देश को आत्मनिर्भर बनने एवं जागरूक होने का संदेश दिया तथा जन मन में यह विश्वास जगाने की कोशिश की कि यदि हम चाहें तो क्या नहीं कर सकते।

क्या जरूरी और क्या नहीं

कोरोना संकट की व्यापकता को देखते हुए हमारे देश में वित्तीय आपातकाल लगाया जाना बहुत जरूरी है। इस संकटकाल में सरकार को स्मार्ट सिटी बुलेट ट्रेन जैसी खर्चीली परियोजनाओं के काम को स्थगित करना होगा तथा अपनी पूरी बचत एवं धनराशि को ग्राम स्वराज परियोजनाओं में तथा गरीबों के कल्याण में लगाना होगा। गांधी जी ने एक बार कहा था कि भारत गांवों में बसता है, यदि आप भारत की जनसंख्या को जानना चाहते हैं तो आवश्यक है कि आप गांव को जाने तथा स्वतंत्रता के 73 वर्ष के उपरांत भी यह बात उतनी ही प्रासंगिक एवं सत्य है। हमें यह जानना चाहिए कि यदि हमें देश की स्थिति को सुदृढ़ बनाना है तो हमें गांव की स्थिति को सुदृढ़ बनाना होगा। उद्योगों के व्यापक विस्तार के बावजूद भी हमें यह नहीं भूलना चाहिए कि भारत की अर्थव्यवस्था मूलतया कृषि पर ही आधारित है। देश की दो-तिहाई जनसंख्या खेती-बाड़ी तथा उससे संबंधित कार्यों पर अपनी जीविका का निर्वहन करती है तथा उसी पर निर्भर रहती है। भारत में किसान एवं गांव अत्यंत आवश्यक हैं एवं कहीं-ना-कहीं वह वर्ग उपेक्षित भी महसूस करता है किसानों को लाभ रहित कार्य करने की मजबूरी होती है तथा उन्हें मजदूरी के छोटे-मोटे काम करने की तलाश में गांव से शहरों की तरफ जाना पड़ता है। इस प्रकार पलायन करने वालों की संख्या दिन-प्रतिदिन बढ़ती जा रही है। हम सभी को यह जानना होगा कि गांव की स्थिति को रहने लायक तथा शुद्ध बनाना होगा तथा महात्मा गांधी जी द्वारा प्रतिपादित ग्राम स्वराज के आधारभूत तत्व समानता स्वावलंबन स्वदेशी विकेंद्रीकरण और सर्वधर्म समभाव इत्यादि का पालन करना होगा।

अत: हम सभी को यह समझना होगा कि कोरोना के इस संकटकाल में स्मार्ट सिटी बनाने से ज्यादा कार्य गांव को आत्मनिर्भर बनाने का है। ग्रामीण अर्थव्यवस्था को मजबूती देनी होगी एवं गांव के लोगों की रोजी-रोटी की व्यवस्था करनी होगी ताकि उनके पलायन को रोका जा सके। इससे शहरी वातावरण में भी प्रदूषण, अपराध और ट्रैफिक जैसी व्याधियों का समाधान हो सकता है। हमारे देश में एक और संपन्नता है तो दूसरी तरफ अभाव के अतल गड्ढे हैं और यह समय आ गया है जब हमें इन असमानताओं को मिटाना होगा तथा इस विषमता को मिटाकर देश को एक समानता की तरफ ले कर जाना होगा। हमें इस काल में एक नया मॉडल अपनाने की आवश्यकता है। जहां पर भारत की अर्थव्यवस्था का विकास हो उसका अंतरराष्ट्रीय स्तर पर विस्तार हो और इसके साथ ही भारत की साख में भी बढ़ावा आए। अभी तक हमारे देश में जिस प्रकार कोरोना को बढ़ने से रोका है उस पर भारत की विश्वसनीयता पहले से ही बढ़ी हुई है तथा हमारे देश द्वारा दिखाई गई अभूतपूर्व क्षमता सभी की ओर से सराही जा रही है। भारत एक विश्व गुरु बनने की ओर अग्रसर रहा है तथा हम सभी का कर्तव्य बनता है कि हम इस दिशा में बढ़ रहे कदम में अपना साथ दें और अपनी जड़ों को मजबूत बनाने की कोशिश करें।

प्रधानमंत्री का संबोधन

पिछले 2 महीनों में प्रधानमंत्री ने देश को चार बार विशेष रूप से संबोधित किया। अपने संबोधन से 1 दिन पहले वे सभी राज्यों के मुख्यमंत्रियों से वीडियो कॉन्फ्रेंसिंग करते हैं तथा उसके बाद वे देश को संबोधित करते हैं। प्रधानमंत्री श्री नरेंद्र मोदी ने कहा कि कोरोना संक्रमण से मुकाबला करते हुए अब दुनिया को 4 महीने से अधिक हो गए हैं तथा पूरे विश्व में 42 लाख से अधिक लोग कोरोना से संक्रमित हुए हैं। पौने तीन लाख से अधिक लोगों की दु:खद रूप से मृत्यु हो गई है तथा हमारे देश में भी बहुत से लोगों ने अपने स्वजनों को खोया है। इस वायरस ने दुनिया को तहस-नहस कर दिया है तथा युद्ध स्तर पर पूरा संसार इससे जुझने में लगा हुआ है। हमने ऐसा संकट ना ही कभी देखा और ना ही कभी सुना और निश्चित रूप से यह मानव सभ्यता के लिए अकल्पनीय एवं अभूतपूर्व संकट है। लेकिन इससे थकना, हारना, टूटना या बिखरना मानव को मंजूर नहीं है। अत: सतर्क रहते हुए तथा सभी नियमों का पालन करते हुए हम सभी को बचना भी होगा

और आगे भी बढ़ना होगा। आज पूरी दुनिया जब संकट में है तो हमें अपना संकल्प मजबूत करना होगा। स्वयं को मजबूत करना होगा तथा आगे बढ़ना होगा। हमारा संकल्प इस संकट से अधिक विराट होगा।

हम पिछली शताब्दी से लगातार सुनते आए हैं कि 21वीं सदी हिंदुस्तान की है। कोरोना के बाद दुनिया में जो स्थिति बन गई है उससे हम या देख सकते हैं कि आज हम सचमुच ऐसी कगार पर है जहां पर हम अपने देश को बहुत आगे पहुंचा सकते हैं। हमारे देश ने इस आपदा को एक अवसर में बदला है तथा भारत को एक प्रभावशाली दृष्टि रखनी होगी। हमारे देश की संस्कृति आत्मनिर्भरता की बात करती है, जिसकी आत्मा "वसुधैव कुटुंबकम" है। भारत की प्रगति विश्व की प्रगति में समाहित रही है और चाहे किसी भी तरह की महामारी हो, उसका असर पूरी दुनिया पर पड़ता है, किंतु भारत के द्वारा उठाए गए कदमों की संसार भर में प्रशंसा होती है। प्रधानमंत्री श्री मोदी जी ने कहा कि कुछ समय पहले तक हमारे पास कोरोना के लिए उपयोगी संसाधन नहीं थे, किंतु आज हमारे पास पूरे साधन हैं। हमारे पास बेहतरीन टैलेंट है, हम बेस्ट प्रोडक्ट बना सकते हैं। सप्लाई चेन को मजबूत कर सकते हैं तथा आधुनिक बना सकते हैं और हम यह अवश्य करेंगे। प्रधानमंत्री ने कच्छ के भूकंप के दिनों को याद किया तथा कहा कि उस समय सब कुछ ध्वस्त हो गया था, मानो पूरा कच्छ मौत की चादर ओढ़ कर सोया हो और कोई सोच भी नहीं सकता था कि स्थिति फिर से सामान्य हो जाएगी, किंतु आज स्थिति सामान्य हो गई तथा कच्छ उठ खड़ा हुआ। इसीलिए मैं आपसे कहना चाहता हूं कि यदि हम ठान लें तो कुछ भी मुश्किल नहीं। प्रधानमंत्री श्री नरेंद्र मोदी ने बताया कि भारत के पांच पिल्लर हैं जो मूलभूत हैं:-

1. इकोनॉमी
2. इंफ्रास्ट्रक्चर
3. हमारा सिस्टम
4. हमारी डेमोग्राफी
5. डिमांड

भारत का ध्येय

इस समय भारत को भौतिक विकास की जगह वैकल्पिक सभ्यता के विकास को प्राथमिकता देने की आवश्यकता है। भारतीय संस्कृति

भौतिकतावादी कभी नहीं रही। वास्तव में वह मानव मूल्यवादी आध्यात्मिक संस्कृति है। भारत को फिर से अपनी जड़ों की ओर लौटते हुए विकास का एक वैकल्पिक मॉडल विश्व के सामने रखना चाहिए। इस वैकल्पिक मॉडल में ग्लोबलाइजेशन के बजाय लोकलाइजेशन पर ध्यान केंद्रित करना चाहिए। पिछले माह पंचायती राज दिवस के अवसर पर अपने एक महत्त्वपूर्ण संबोधन में प्रधानमंत्री नरेंद्र मोदी ने ग्राम स्वराज की स्थापना पर बल दिया था। उन्होंने भविष्य में 'मेक इन इंडिया' को भारतीय अर्थव्यवस्था का आधार बनाने का संकल्प भी व्यक्त किया है। इस ध्येय वाक्य को और सटीक और सार्थक बनाने के लिए 'मेक इन रूरल इंडिया' करने की आवश्यकता है। गांवों को आत्मनिर्भर बनाकर ही भारत को आत्मनिर्भर बनाने की शुरुआत हो सकती है।

आज भारत के गांव शहरी जीवन-शैली और जीवन-मूल्यों के कूड़ाघर बन गए हैं। गांव से आत्मनिर्भरता, सामुदायिकता और मानवीय मूल्यों का लोप हो गया है। ग्रामीण जीवन के इन आधारमूल्यों का अपहरण आधुनिक औद्योगिक सभ्यता ने किया है। आज गांव ईर्ष्या-द्वेष और क्लेश के अखाड़े हैं। वे विकृति, विद्रूप और व्यक्तिवाद के नवोदित महाद्वीप हैं। नशाखोरी और एकाकीपन वहां की नई जीवन-चर्या है। अब ग्राम्य-संस्कृति की पहचान रहे प्राचीनतम मूल्यों की घरवापसी का स्वर्णिम अवसर है। संतुलित और सतत विकास, सीमित उत्पादन और संयमित उपभोग ही भविष्य का रास्ता है।

भारत को, विकास को परिभाषित करते समय पश्चिमी देशों का मुंह ताकना बंद करना चाहिए। भारत में ग्राम आधारित कुटीर उद्योगों को पुनर्जीवित करके और छोटे एवं मझोले उद्योग-धंधों को मजबूती प्रदान करके ही भुखमरी, बेरोजगारी तथा अपराध जैसी समस्याओं का समाधान किया जा सकता है। इन उद्योगों की मजबूती ही खुशहाली का प्रवेशद्वार है। इसी से अंत्योदय भी संभव होगा। हाशिये पर खड़े अंतिम जन की चिंता करके ही आधुनिक राज्य अपनी सार्थकता सिद्ध कर सकता है।

लोकल पर वोकल

कोरोना वायरस महामारी ने पूरी दुनिया की अर्थव्यवस्थाओं को अपनी चपेट में ले लिया है। ऐसे में भी प्रधानमंत्री नरेंद्र मोदी ने इस समय को सकारात्मक दृष्टि से देखा और इस समय को भारत के लिए एक मौके की तरह उपयोग करना ही उनकी नई रणनीति है। प्रधानमंत्री ने राष्ट्र के नाम

संबोधन किया और देश को आत्मनिर्भर बनाने के लिए पहली बार 'लोकल पर वोकल' का नारा दिया।

प्रधानमंत्री नरेंद्र मोदी ने कहा कि महामारी के इस दौर में 'लोकल' ने ही हमें बचाया है। स्थानीय स्तर पर निर्मित उत्पादों ने ही आगे बढ़ने का रास्ता दिखाया है, हमें इसे ही अपने आत्मनिर्भर बनने का मंत्र बनाना चाहिए। प्रधानमंत्री ने कहा कि 'मेक इन इंडिया' को सशक्त बनाना है और यह सब आत्मनिर्भरता, आत्मबल से ही संभव होगा। उन्होंने कहा, 'समय की मांग है कि भारत हर प्रतिस्पर्धा में जीते, सरकार जो आर्थिक पैकेज घोषित कर रही है उसमें अनेक प्रावधान किये गये हैं, इससे क्षमता बढ़ेगी, गुणवत्ता बेहतर होगी।' प्रधानमंत्री ने स्थानीय उत्पाद के मामले में खादी और हथकरघा का उदाहरण देते हुए कहा, 'आपसे मैंने इन उत्पादों को खरीदने का आग्रह किया तो इन उत्पादों की बिक्री रिकार्ड स्तर पर पहुंच गई। इसका काफी अच्छा परिणाम मिला।' अर्थव्यवस्था गिरी हुई है। ऐसे में प्रधानमंत्री ने एक नई उम्मीद जगाने के लिए नया नारा दिया है।

हमारा मजबूत नेतृत्व

हमारा देश भारत इतनी आसानी से ही नहीं, यहां तक पहुंच पाया है। विश्व स्तर पर अपनी पहचान बनाना इतनी आसान राह नहीं है। यह अच्छे नेतृत्व, अच्छे ईमानदार नेतृत्व के कारण ही संभव हो पाता है। प्रधानमंत्री नरेंद्र मोदी में वह नेतृत्व क्षमता है, जिसके कारण यह संभव हो पाया है कि भारत विश्व गुरु बनने की ओर अग्रसर है। लेकिन इसकी राह इतनी आसान नहीं रही है। साधारण परिवार में जन्मे, स्टेशन पर चाय बेचते हुए, अपने देश के लिए अपने घर-परिवार को त्यागने वाले, महान नेता जमीन से जुड़े हुए हमारे प्रधानमंत्री नरेंद्र मोदी ने अपने आप को इस तरह लोगों के बीच स्थापित किया है कि भले ही वह युवा वर्ग हो, मध्यमवर्ग हो, बच्चे हों, बूढ़े हों, सभी उनका आदर करते हैं। यही वजह है कि लॉकडाउन के दौरान कई बार संबोधन पर आए नरेंद्र मोदी ने हर बार अलग-अलग तरीके से हमारे देश के युवाओं और लोगों को प्रेरित किया। और जो भी उन्होंने आग्रह और निवेदन किया, भारतीय लोगों ने उसका पूर्ण रूप से समर्थन किया। चाहे वह ताली बजाकर हमारे डॉक्टरों का हौसला बढ़ाना हो या दीये जलाकर उनका सम्मान करना हो। आधुनिकता और परंपरा को इस प्रकार इस्तेमाल करना नरेंद्र मोदी की खूबी रही है।

विश्व भर में योग एवं आयुर्वेद को लोकप्रिय करने की पूरी भूमिका नरेंद्र मोदी को ही जाती है। इन्हीं की सरकार के दौरान ही विश्व भर में 21 जून को योग दिवस बनाने की बात कही गई और पूरा विश्व इस दिन इसे मनाता है। हम यह कह सकते हैं कि नरेंद्र मोदी में वह क्षमता है, जिसकी वजह से पूरा देश, पूरा विश्व आज उनका गुणगान कर रहा है। डोनाल्ड ट्रंप जैसे दिग्गज बड़े नेता भी नरेंद्र मोदी को अपना मित्र मानते हैं।

अभी तो शुरुआत है, आने वाली राह इतनी आसान नहीं है। अर्थव्यवस्था अभी विकृत स्थिति में है। उसके लिए किए गए 20 लाख करोड़ रुपए के प्रस्तावित बजट को अभी इस्तेमाल करना बाकी है। तो यह धीरे-धीरे ही अपनी सही अवस्था में आएगी, लेकिन इसके लिए हमें धैर्य रखना होगा, इंतजार करना होगा, मेहनत करनी होगी, सरकार का साथ देना होगा और प्रधानमंत्री के हर निर्णय पर समर्थन कर उनका सम्मान करना होगा एवं साथ देना होगा। प्रधानमंत्री अकेले कुछ नहीं कर सकते। उन्हें इस देश के 135 करोड़ लोगों की आवश्यकता है। जिस प्रकार उन्होंने अपना सब कुछ त्याग कर इस देश के लिए अपना जीवन समर्पित किया है, उसी प्रकार हमें भी कम से कम इतना तो करना ही होगा कि सरकार द्वारा लिए गए निर्णय का सुचारू एवं सही ढंग से पालन करें। तभी प्रधानमंत्री का सपना, हर देशवासी का सपना पूरा हो पाएगा। लेकिन हां, यह तय है कि अभी भले ही कितनी ही समस्याएं या परेशानियां आ रही हों, आने वाला समय अच्छा ही होने वाला है।

इस बात से हम सभी सहमत होते हैं कि कुछ लोगों का प्रभाव इस प्रकार का होता है कि आपको उनके व्यक्तित्व पर अत्यंत विश्वास होने लगता है और आप उनकी बात माने भी ना तो एक बार सुनना जरूर पसंद करते हैं। इसी प्रकार का व्यक्तित्व है, प्रधानमंत्री श्री नरेंद्र मोदी जी का। उनका व्यक्तित्व इस प्रकार से सरीखा हुआ है कि कोई भी व्यक्ति जब वे भाषण दे रहे हों तो एक बार उनकी बातों पर गौर अवश्य करेगा तथा उस व्यक्ति की बातों को सुनकर, उसके वार्तालाप के तरीके को देखकर तथा तर्कसंगत तथ्यों को सुनकर कोई भी इंसान उन पर विश्वास करने लगता है। तथा मोदी जी एक ऐसा सरल, ईमानदार एवं आत्मविश्वास पूर्ण व्यक्तित्व हैं कि उन पर स्वयं ही लोगों का भरोसा बन जाता है। ऐसे हजारों लाखों की संख्या में लोग हैं, जिन्होंने राजनीतिक दलों की सीमाओं से परे होकर केवल

मोदी जी के व्यक्तित्व से प्रभावित होकर उनको अपना नेता चुना एवं मोदी जी हमेशा ही उनकी सभी चुनौतियों पर खरे भी उतरे।

इस प्रकार हम मान सकते हैं कि प्रधानमंत्री नरेंद्र मोदी इस प्रकार के व्यक्तित्व हैं, जिनकी लोग बात मानने पर एवं सुनने पर प्रसन्न होते हैं एवं अधिकांशतः उनकी कही हुई बातों को मानकर किसी को कभी पछतावा भी नहीं होता। उन्होंने हमेशा देश को दिया ही है एवं वे तीव्र गति से देश की तरक्की में आगे बढ़ते जा रहे हैं तथा हम सभी से सहयोग करने की लगातार अपील भी करते रहे हैं एवं उनकी इसी प्रतिभाशाली पहचान को हम सभी पूर्ण रूप से अपने हृदय में स्थान देते हैं।

हमारा कर्तव्य

जैसा कि हम सभी जानते हैं कि कोरोना वायरस ने संपूर्ण संसार को तहस-नहस कर दिया है। उसने एक बड़ी जनसंख्या की जिंदगी संकट में डाल दी है तथा सभी अपनी जिंदगी बचाने के लिए जूझ रहे हैं। स्वास्थ्य के साथ-साथ आर्थिक रूप से भी कोरोना ने मानव जाति को झकझोर कर रख दिया है। कोरोना की वजह से हजारों लाखों की संख्या में लोग बेरोजगार हो रहे हैं, गरीबों को भोजन के लाले पड़ रहे हैं तथा विश्व भर में करोड़ों लोग संकट का सामना कर रहे हैं। जैसा कि हम जानते हैं कि मानव जाति विकास की अग्रिम एवं सर्वोच्च सीमा है। किसी भी वायरस या बीमारी के सामने हारना या झुकना मानव जाति को मंजूर नहीं है। इसीलिए चाहे जो हो जाए मनुष्य को आगे बढ़ते रहना होगा तथा उन्हें अपने जीवन को एक बार फिर से सही दिशा में लाना होगा।

मनुष्य के जीवन को सही दिशा में लाने के लिए ही प्रधानमंत्री श्री नरेंद्र मोदी ने ऐलान किया कि वे 20 लाख करोड़ का पैकेज देंगे। इकोनॉमी को बूस्ट करने की कोशिश करेंगे तथा इसी के साथ उन्होंने देश के सभी नागरिकों एवं युवाओं को संदेश दिया आत्मनिर्भर बनने का। उन्होंने बताया कि आज विश्व की जो दशा है उससे हम सब को एक ही बात सीखनी चाहिए और वह यह है कि हमें आत्मनिर्भर भारत बनाना होगा। इस समय एक देश के रूप में हम बहुत ही अहम मोड़ पर खड़े हैं। यह प्राकृतिक आपदा भारत के लिए एक बहुत बड़ा अवसर एवं साथ ही साथ संकेत लेकर आई है कि हम सभी को आत्मनिर्भर बनना होगा। 21वीं सदी में

हमारा देश विकास करे, आगे बढ़े, यह हम सब की मिली–जुली जिम्मेदारी है तथा इसको हम सभी को मिलजुलकर निभाना होगा।

20 लाख करोड़ के आर्थिक पैकेज की उद्घोषणा के साथ ही उन्होंने आत्मनिर्भरता का एक बड़ा पाठ लोगों को सिखाया। उन्होंने बताया कि हमारे देश में भारत की संस्कृति, संस्कार एवं हमें जो भी अपने पूर्वजों के द्वारा सिखाया गया है उसकी सहायता से हम बहुत आसानी से आत्मनिर्भरता का ज्ञान ले सकते हैं। हम सभी को एक मूलभूत चिंतन करना होगा और देश को आत्मनिर्भर बनाने की कोशिश करनी होगी। हमें वसुदेव कुटुंबकम की भारत की संस्कृति की पालना करनी होगी तथा एक दूसरे का पूरा सहयोग करना होगा। हम सभी को हमारे लोकल प्रोडक्ट खरीदने होंगे एवं उनका प्रचार–प्रसार भी करना होगा, ताकि देश की आत्मनिर्भरता बढ़ सके और इस प्रकार प्रधानमंत्री ने सुझाव देकर देश को आत्मनिर्भरता की तरफ बढ़ने का संदेश दिया।

कोरोना वायरस से लाखों लोग संक्रमित हुए और लाखों लोगों की जानें गईं। एक अनुमान यह है कि यह हो सकता है कि एक बार इसका संक्रमण सभी को हो जाए। वरना विश्वभर में करोड़ों लोगों का इससे प्रभावित होना तो तय है ही। भले ही कोरोनावायरस ने बहुत नुकसान पहुंचाया है लेकिन उसने इंसान को सिखा भी दिया कि हमारे लिए सबसे जरूरी हमारा स्वास्थ्य और खानपान ही है। यानी आने वाले समय में यह तो तय है कि हम लोग अपने स्वास्थ्य, अपनी इम्यूनिटी, अपने खान–पान पर सबसे ज्यादा ध्यान देने वाले हैं। विश्व भर के लोग इसी वजह से भारत की ओर झुक रहे हैं क्योंकि भारत की संस्कृति प्रकृति को देवी–देवता की तरह पूजती है। भारत में शाकाहारी लोग बहुत हैं। इसलिए भारत जैसे देश से इस प्रकार के खतरनाक वायरस नहीं निकलते। साथ ही भारत में योग और आयुर्वेद से आप घर में रहकर भी बहुत अच्छे से स्वस्थ रह सकते हैं और खतरनाक, लाइलाज बीमारियों से मुक्ति पा कर सकते हैं।

प्रधानमंत्री नरेंद्र मोदी ने भी अपने संबोधन में यही बात कही है। उन्होंने लोगों को आयुर्वेद अपनाने एवं योग करने की सलाह दी है जिससे शरीर की रोग प्रतिरोधक क्षमता बनी रहे और कोरोना जैसे वायरस के संक्रमण से लड़ा जा सके। योग और आयुर्वेद हमारी सनातन पद्धति का बहुत ही महत्त्वपूर्ण

हिस्सा है। इसे बचाए रखना एवं दैनिक जीवन में इसका प्रयोग करना हमारे लिए अत्यंत आवश्यक है। सिर्फ इसे बचाए रखने के लिए ही नहीं बल्कि अपने आप को बचाए रखने के लिए भी। कोरोना वायरस महामारी ने हमें यह भी सिखा दिया कि हमें प्रकृति का ख्याल रखना चाहिए। विकास और आधुनिकता की अंधाधुंध दौड़ में हमें थोड़ा रुककर हमारी प्रकृति के बारे में विचार करना होगा और विज्ञान और प्रकृति के सामंजस्य से आगे बढ़ना होगा। यही हमारी भारतीय संस्कृति रही है, जिसके बारे में प्रधानमंत्री श्री नरेंद्र मोदी ने सभी को अवगत कराया है। अब हमारे धैर्य, ईमानदारी, अनुशासन और मेहनत की परीक्षा का समय है। और हम यह जानते हैं कि नरेंद्र मोदी जैसे नेतृत्व के साथ कदम-से-कदम मिलाकर हम सभी 135 करोड़ देशवासी इस परीक्षा में सफल होंगे और विश्व में भारत का परचम लहराएंगे।